WIRD UNS DAS GERECHT?

Liebe Leserin, lieber Leser,

heute schon einen Streit zum Thema „Das ist unfair" geschlichtet? Bestimmt. Wer in Kindereinrichtungen arbeitet, erlebt vermutlich selten Tage, an denen es nicht um die Frage geht, was ungerecht ist. Schon relativ kleine Kinder denken darüber nach, ob alle zum gleichen Recht kommen, ob sie selbst oder andere Menschen benachteiligt werden. Dass sie das so intensiv tun, liegt natürlich auch daran, dass sie fast nie allein sind – wo viele Menschen aufeinandertreffen, gibt es immer Gründe, etwas als unfair zu beklagen. Und wenn man wie Kinder wenig zu sagen hat, dürfte dieses „Unfair"-Gefühl sie oft beschleichen.

Heute schon etwas zum Thema „Unfair" gehört oder gelesen? Scrollt man durch Internetportale oder liest Zeitungen, scheint Ungerechtigkeit wirklich das Thema der Zeit zu sein. Überall wird beklagt, wie ungerecht es zugeht – aber wer dabei benachteiligt wird, das wechselt. Ist es unfair, dass es Armut gibt, oder eher, dass ehrliche, hart arbeitende Milliardäre etwas abgeben müssten? Ist es ungerecht, dass Migranten in diesem Land keine Chancen haben oder dass sie durch Tätigkeitsverbote den steuerzahlenden Menschen etwas wegnehmen könnten? Ist das, was Trump tut, der Gipfel an Unfairness oder wehrt er sich einfach nur im Namen aller, denen Ungerechtigkeit widerfuhr? Linke, Mitte-Menschen und düsterste Rechtspopulisten teilen zwar immer weniger Positionen, aber in jedem Fall die Vorstellung, dass es bei uns sehr, sehr ungerecht zugeht – bloß eben für jeweils andere Leute.

Wie ist das mit der Idee einer universellen Gerechtigkeit, einer total fairen Welt: Träumst du davon? Oder hältst du sie für unrealistisch? Vielleicht gehst du sogar davon aus, dass dieses dringende Problem der Ungerechtigkeit immer wieder gebraucht wird, um darüber zu diskutieren, wie eine bestmögliche Gesellschaft aussehen könnte? Egal, ob auf der ganzen Welt, in unserem Land oder in der Bienengruppe im Kindergarten?

In diesem Heft schauen wir uns jedenfalls das Thema „Ungerechtigkeit" an, um vielleicht am Ende herauszufinden, wie man fair damit umgehen kann, dass es immer irgendwie ungerecht zugeht. Dass wir dem Thema bei so viel Ungerechtigkeit halbwegs gerecht werden, hofft

deine **wamiki**-Redaktion.

INHALT

Heft # 5/2025 **Voll unfair!** – Thema: Gerechtigkeit

1. DAS WAR VOLL UNGERECHT!

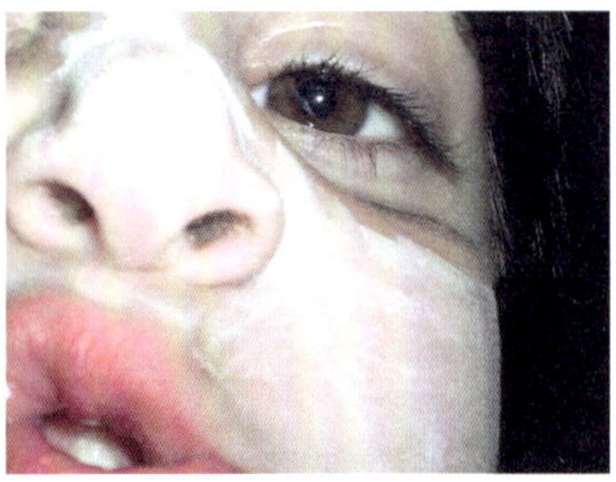

2. REGELN SIND MANCHMAL KOMISCH!

3. ICH WAR NOCH NIE DRAN!

SERVICE

Foto: Markus Spiske / unsplash

1.

DAS WAR VOLL UNGERECHT!

Erzähl mal.

KANN MAN DEM WORT „GERECHT" GERECHT WERDEN?

Text: Michael Fink

Gerechtigkeit ist ein uraltes Wort. Selbst die ältesten schriftlichen Zeugnisse der Menschheit beschäftigen sich damit, was „gerecht" und „richtig" ist. Unser deutsches Wort „gerecht" stammt wohl aus dem Gotischen und wurde schon um 900 regelmäßig verwendet. Seine Bedeutung liegt irgendwo zwischen „passend", „mit dem Recht übereinstimmend" und „auf der rechten Seite". Eng verwandt ist es mit dem Wort „rechts", das für „aufrecht" und „gerade" steht, aber auch mit „Herrschaft" assoziiert wurde. Das lateinische Wort „rex" für König klingt nicht nur so, sondern ist mit „Recht" verwandt. Dem gegenüber steht „links" für „krumm" oder „verkehrt" – noch erkennbar an Wörtern wie „linkisch".

Für das wichtigste Buch vieler Religionen ist „gerecht" das wohl wichtigste Wort. In Luthers Bibel kommt es – auch in der Form von „ungerecht" – fast 1000-mal vor. Ob es der „gerechte Zorn" des Bibel-Übersetzers über den Papst war, der ihn bewog, das Wort in vielen Sätzen sogar mehrmals auftauchen zu lassen? „Wenn ein Hader zwischen Männern entsteht, und sie vor Gericht treten, und man richtet sie, so soll man den Gerechten gerecht sprechen und den Schuldigen schuldig", heißt es im 5. Buch Mose, und in der Bergpredigt verspricht Jesus: „Glückselig die nach der Gerechtigkeit hungern und dürsten, denn sie werden gesättigt werden."

Anzumerken ist, dass das Wort „gerecht" damals eine andere Bedeutung hatte als heute. „Gerecht" war, wer das „Recht" einhielt, womit vor allem das göttliche Gesetz gemeint war.

Erst zur Zeit der Aufklärung und der Industrialisierung entwickelte sich die heute viel beliebtere Bedeutung: „Gerecht" geht es zu, wenn niemand größere Vorteile als jemand anders hat, auch wenn beide Seiten vielleicht formal im Recht sind. Das hat sicherlich damit zu tun, dass sich die Menschen seitdem immer stärker von Göttern und Herrschern emanzipierten, die über die Gerechtigkeit wachten, und nun selbst darüber entscheiden, was Recht ist.

Dass man selbst oder eine nahestehende Gruppe benachteiligt wird, ist heute zur einem der wichtigsten Beschwerdethemen überhaupt geworden. Aufschluss darüber erhält man, wenn man Suchwörter wie „Es ist nicht gerecht" bei Google eingibt. Dann entfaltet sich ein ganzes Panorama an Menschengruppen, die offenbar zu Gunsten anderer Menschengruppen benachteiligt werden. Dabei spielt es oft nur eine geringe Rolle, ob die betreffenden Gruppen wirklich schlechte Bedingungen haben.

So liest man zum Beispiel:

Es ist ungerecht, dass Menschen, die wenig verdienen, auch im Alter arm sind.

Es ist ungerecht, dass Menschen, die viel leisten und deshalb viel verdienen, mehr in die Kranken- und Pflegeversicherung einzahlen.

Es ist ungerecht, dass man jemanden besteuert, der sich ein Vermögen aufgebaut hat, enorm viel Steuern bezahlt und zugunsten seiner Nachkommen auf Vieles verzichtet.

Es ist nicht gerecht, wenn acht Männer so viel Geld besitzen wie 3,6 Milliarden Menschen.

Es ist unfair, dass junge Frauen eine günstigere Kfz-Versicherung erhalten als junge Männer.

Es ist nicht gerecht, Mütter zu bestrafen, die nur ein oder zwei Kinder bekommen haben.

Ich meine, es ist nicht gerecht, wenn die 50%-Quote nur für Frauen gilt (und nicht für mich als Mann).

Es ist ungerecht, wenn der im Plattenbau und in seiner Kabine wohnende Lkw-Fahrer mit harter Arbeit, persönlichem Risiko und Trennung von seiner Familie dem Nichterwerbstätigen ein Leben in der Villa mit Park im Nobelvorort finanziert.

Es ist ungerecht, dass die Homosexuellen so eine gute Lobbyarbeit gemacht haben und deshalb ihre Rechte viel schneller einfordern konnten als andere Gruppen.

Das große Interesse an Gerechtigkeitsfragen greifen moderne Politiker gern auf, um es in ihr politisches Süppchen zu rühren. Besonders bei lediglich empfundenen Ungerechtigkeiten bietet es sich an, auf das unschärfere, aber emotionalere Wort „unfair" zurückzugreifen:

„Wir haben die Wahl gewonnen, und es ist nicht fair, uns den Sieg so zu nehmen. Es kann nicht sein, dass ich Georgia verloren habe", beklagte sich Donald Trump.

„Es ist unfair, wenn Menschen in Bayern ihr Elternhaus verkaufen müssen, um die Steuer zu bezahlen! Es ist unfair, dass der Master gratis ist, die Meisterausbildung dagegen viel Geld kostet", beschwerte sich Markus Söder und legte nach: „Es ist unfair, dass der Soli nicht für alle abgebaut werden soll."

Gibt es Auswege? Hinweise für einen entspannten Umgang mit dem Thema geben ein alter Grieche, ein nicht ganz so alter Brite und ein auf scheinbare Selbstreflexion getrimmter Chatbot:

„Das Unrecht aber besteht darin, dass man sich selbst zu viel des schlechthin Guten und zu wenig des schlechthin Üblen zuteilt", sagte Aristoteles weise.

„Das Leben ist nicht gerecht, und für die meisten von uns ist das gut so", witzelte Oscar Wilde süffisant.

„Es ist unfair, dass mein Training auf voreingenommenen Daten basiert und ich daher menschliche Vorurteile reproduziere oder verstärke", antwortete ChatGPT artig auf die Frage: „Hey, was findest du eigentlich unfair?"

Ingeborg Bachmann

ALLE TAGE

Der Krieg wird nicht mehr erklärt,
sondern fortgesetzt. Das Unerhörte
ist alltäglich geworden. Der Held
bleibt den Kämpfen fern. Der Schwache
ist in die Feuerzonen gerückt.
Die Uniform des Tages ist die Geduld,
die Auszeichnung der armselige Stern
der Hoffnung über den Herzen.

Er wird verliehen,
wenn nichts mehr geschieht,
wenn das Trommelfeuer verstummt,
wenn der Feind unsichtbar geworden ist
und der Schatten ewiger Rüstung
den Himmel bedeckt.

Er wird verliehen
für die Flucht von den Fahnen,
für die Tapferkeit vor dem Freund,
für den Verrat unwürdiger Geheimnisse
und die Nichtachtung
jeglichen Befehls.

Kein Heft ohne Gedicht. Ausgesucht hat es Marie Sander. Sie fand es in: Ingeborg Bachmann und Max Frisch: „Wir haben es nicht gut gemacht". Der Briefwechsel. Piper Suhrkamp 2022, S. 572

EIN HAUS, EIN BOOT, EIN AUTO?

Und was siehst du?
Zeig deine Perspektive!

Mit dem Jahresthema „Ein Haus, Ein Boot, Ein Auto" lädt der Deutsche Jugendfotopreis Kinder und junge Menschen bis 25 Jahre dazu ein, über ihre Bilder und Fotografien von Besitz, Gerechtigkeit und Zukunftsträumen zu erzählen.

In den Kategorien „Freie Themenwahl" und „Experimente" haben alle Teilnehmer*innen die Möglichkeit, unabhängig vom Jahresthema ihre Arbeiten zu zeigen. Einsendeschluss ist der 2. Februar 2026.

MITMACHEN!

„Mein Haus, mein Auto, mein Boot" – dieser Slogan aus einem Werbespot der 1990er Jahre steht sinnbildlich für ein Versprechen: Wer hart arbeitet, kann alles erreichen. Doch die Realität sieht heute anders aus. Laut Daten des Sozio-oekonomischen Panels *(SOEP)* und des Deutschen Instituts für Wirtschaftsforschung *(DIW Berlin)* besitzt das reichste 1 % der Bevölkerung rund 18 % des Gesamtvermögens – etwa so viel wie die ärmsten 75 % zusammen *(bpb.de)*.

Fast ein Viertel der Kinder und Jugendlichen in Deutschland ist laut Statistischem Bundesamt von Armut oder sozialer Ausgrenzung bedroht *(destatis.de)*.
Hinzu kommt: Ein erheblicher Teil des Vermögens in Deutschland wird nicht erarbeitet, sondern vererbt – allein 2023 wurden über 121 Milliarden Euro durch Erbschaften und Schenkungen übertragen *(destatis.de)*.

Mit dem Jahresthema „Ein Haus, Ein Boot, Ein Auto" lädt der Deutsche Jugendfotopreis Kinder und junge Menschen bis 25 Jahre dazu ein, über ihre Bilder und Fotografien von Besitz, Wohlstand und Zukunftsträumen zu erzählen. Was bewegt sie, wenn sie an die Zukunft denken? Welche Wünsche, welche Fragen, welche Bilder entstehen? Welche Rolle spielen materielle Werte – und welche Alternativen gibt es? Wie hängen Wohlstand, Nachhaltigkeit und soziale Gerechtigkeit zusammen?

Gesucht werden fotografische Arbeiten, die Geschichten erzählen: von Sehnsüchten und Realitäten, von Ungleichheit und Hoffnung, von Konsum und Kreativität. Dabei geht es nicht darum, Träume von Haus, Auto oder Boot zu bewerten – im Gegenteil:

Sowohl die Sehnsucht nach diesen Dingen als auch kritische oder alternative Perspektiven darauf sind wertvolle Ausdrucksformen persönlicher Lebensentwürfe und Erfahrungen. Ob Portraits, Serien, Selfies, Collagen oder Fotobücher – alle Techniken sind willkommen.

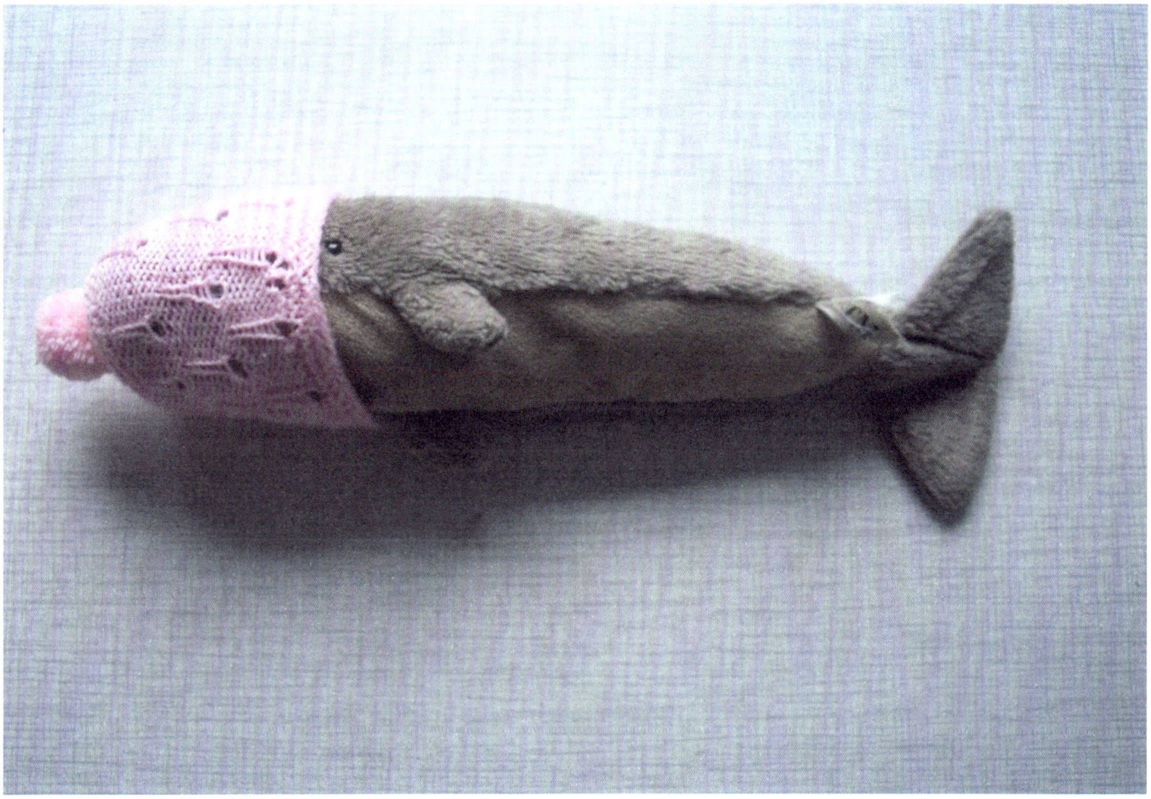

© Fotogruppe Valentin und Anton Riech (7 Jahre).
Deutscher Jugendfotopreis 2012

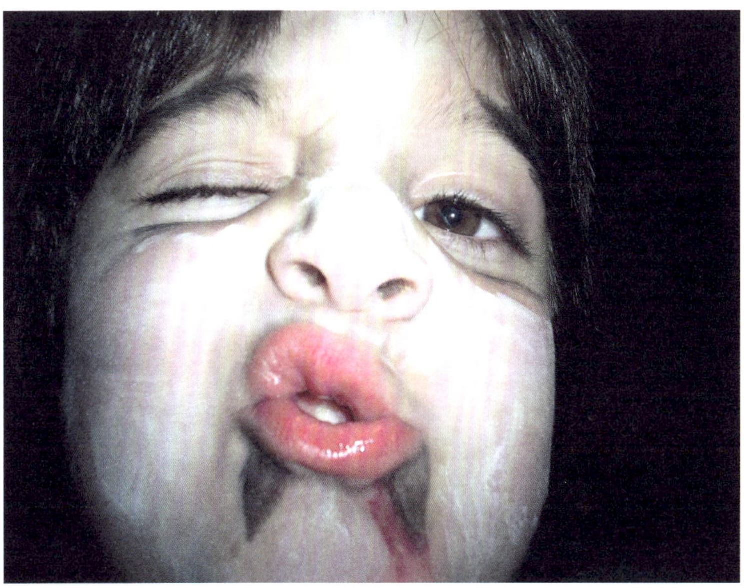

© Samy Raum (5 Jahre).
Deutscher Jugendfotopreis 2006

© Leon Mawick (10 Jahre).
Deutscher Jugendfotopreis 2006

Anmeldung und weitere Infos unter: jugendfotopreis.de

Wichtig: Auch Bilder außerhalb des Jahresthemas sind ausdrücklich erwünscht! In den Kategorien „Freie Themenwahl" und „Experimente" haben alle Teilnehmer*innen die Möglichkeit, unabhängig vom Jahresthema ihre Arbeiten zu zeigen. Der Wettbewerb versteht sich als Plattform für junge Fotografie – alle Bilder junger Menschen sind herzlich willkommen, die Teilnahme ist kostenlos.

„Wir freuen uns auf alle Einsendungen – ganz gleich, ob sie sich kritisch mit gesellschaftlichen Fragen auseinandersetzen oder einfach von ganz persönlichen Träumen erzählen. Fotografie ist ein Medium, das Wünsche sichtbar macht, Realitäten hinterfragt und neue Perspektiven eröffnet. Uns interessiert, wie junge Menschen heute leben, fühlen und denken – und was sie bewegt.

Deshalb sind bei uns alle Bilder willkommen, die etwas erzählen wollen: vom Alltag, von Hobbys, von Freundschaften, von großen Fragen oder kleinen Momenten."
– Katharina Klapdor Ben Salem, Leiterin des Wettbewerbs

Einsendeschluss ist der 2. Februar 2026.

Jetzt einreichen:

© Maren Faulhaber (9 Jahre).
Deutscher Jugendfotopreis 2008

© Fotogruppe Nele Kreitz und Ella Pemöller
(Ø 9 Jahre). Deutscher Jugendfotopreis 2020

© Fotogruppe „Lightpainters“, Montessorischule am Sonnenberg, KGS Dörenhagen, (Ø 9 Jahre), Auszug aus der Serie: Zeittunnel. Deutscher Jugendfotopreis 2016

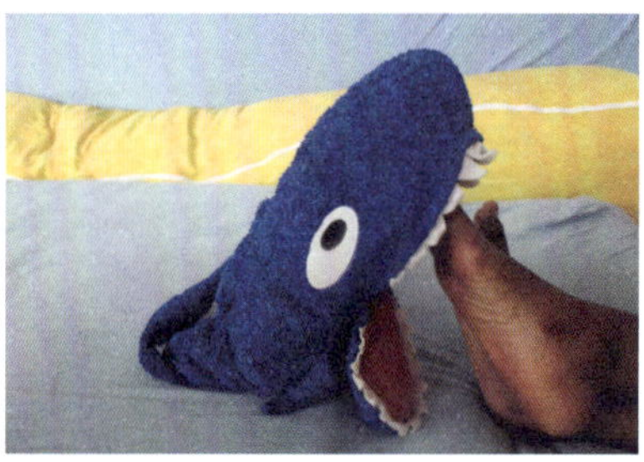

© Fotogruppe Was wir uns wünschen!, Schülerladen Budenzauber (Ø 9 Jahre). Deutscher Jugendfotopreis 2022

© Matilda Sauer (6 Jahre), Serie: „Am Ende von unserem Urlaub“. Deutscher Jugendfotopreis 2024

Die Teilnahme am Wettbewerb ist kostenlos.

Einsendeschluss ist der 2. Februar 2026.

—> jugendfotopreis.de

GEHT DAS NICHT AUCH MUЯƧЯƎDИA?

WAMIKI-HITLISTE

Was singen, summen, trällern, brummen, jodeln … die **wamikis** a capella zum Heftthema? Hört selbst:

PROBIERS AUS! „QR-CODE-SCANNER" …

STUDIE

Wer bekommt in Deutschland das große Stück vom Kuchen – und was fühlt sich für uns eigentlich gerecht an? Die Gerechtigkeitsstudie der Bertelsmann Stiftung zeigt: Unser Gerechtigkeitsempfinden ist deutlich gespalten.

Quelle: Bertelsmann Stiftung (2022): Gerechtigkeitsempfinden in Deutschland, Online-Studie.

WAS FINDET IHR EIGENTLICH UNGERECHT?

Wir haben 100 Fachkräfte gefragt:

- Dass Inklusion versprochen wird – aber nicht bezahlt.
- Dass Kinderchancen vom Kontostand abhängen.
- Dass Kinder mit Behinderung um Selbstverständlichkeiten kämpfen müssen.
- Dass geflüchtete Kinder „verwaltet" werden statt anzukommen.
- Dass Armut als „Elternproblem" gilt – nicht als Systemversagen.
- Dass wir Verantwortung tragen wie Profis – bezahlt werden wie Lückenfüller.
- Dass Ausbildung weniger zählt als „irgendwer hilft halt".
- Dass Personalmangel als Normalzustand durchgewunken wird.
- Dass Kinder die Rechnung für die Unterbesetzung zahlen.
- Dass immer die gleichen sich kaputtmachen, weil sie einspringen.
- Dass Teilzeit heißt: weniger wert.
- Dass Leitung alles können soll – ohne Zeit, ohne Backup.
- Dass Politik über uns entscheidet – ohne uns zu hören.
- Dass Kinder Regeln lernen müssen – Erwachsene aber machen, was sie wollen.
- Dass Mehrsprachigkeit als Störung gilt, nicht als Stärke.
- Dass Essen diskutiert wird – ohne die Kinder zu fragen.
- Dass Eltern zwischen Druck und Anspruch zermahlen werden – und wir sollen's richten.
- Dass Kinderrechte im Konzept stehen – und im Alltag scheitern.
- Dass wir Qualität dokumentieren, während sie gleichzeitig weggekürzt wird.
- Dass wir Demokratie lehren sollen – ohne Mitbestimmung im eigenen System.
- Dass Beziehung das Wichtigste ist – aber nie Zeit dafür bleibt.
- Dass „auffällig" oft nur „überfordert" bedeutet.
- Dass wir improvisieren müssen – und das „Professionalität" genannt wird.
- Dass Durchhalten gefeiert wird, obwohl es krank macht.
- Dass gute Arbeit unsichtbar ist – bis etwas schiefgeht.

PLATTFORM

Warum täglich neue Runden im „Schon-wieder"-Karussell drehen?

Kommt lieber schon mal mit in die Zukunft: Die Infothek für Realutopien stellt kostenfrei utopische Medien, Methoden und Konzepte bereit – und will Lust machen auf eine schönere, regenerative Zukunft Hinter der Plattform steht Reinventing Society – ein Think-and-Do-Tank für eine sozial-ökologische Transformation.

Foto: Caleb Woods / unsplash

GRENZEN SEHEN, GRENZEN ZIEHEN

Verletzendes Verhalten in Kitas ist längst kein seltenes „Ausrutscher-Thema" mehr, sondern rückt immer stärker in den Alltag und in die Debatte. In den ver.di-Schriften zur Sozialen Arbeit schauen Elke Alsago (ver.di) und Nicolas Meyer (Hochschule Fulda) mit einer Studie genauer hin: Was passiert da eigentlich und warum? Grundlage ist eine Online-Befragung von über 900 pädagogischen Fachkräften, die von ihren Erfahrungen mit Gewalt im Kita-Alltag berichten. Das Ergebnis: Gewalt ist kein Randphänomen, sondern hängt oft mit Strukturen zusammen, die knirschen, vom Fachkräftemangel über fehlende Schutzkonzepte bis hin zu einer Kultur, die Übergriffe (zu) leicht hinnimmt. Und die Studie bleibt nicht beim Alarm stehen, sondern zeigt: Wo müssen Praxis, Träger, Politik und Ausbildung ansetzen, damit Kinderschutz nicht nur gut klingt, sondern wirkt.

ZWISCHEN WICKELN, WUT UND WEGSEHEN

In einer Befragung berichten Kitamitarbeitende, dass sie relativ häufig Situationen beobachten, in denen sie eingreifen möchten, um Kinder vor seelischer Gewalt (Beschämen, Ausgrenzen), Vernachlässigung (Trost verweigern, zu selten wickeln), körperlicher Gewalt (Zerren, Schubsen, grobes Festhalten) oder auch sexualisierten Grenzverletzungen (gegen den Willen auf den Schoß nehmen, küssen) zu schützen. Konkrete Beispiele wurden nicht abgefragt, aber Lagemann nennt typische Alltagsszenen wie die Essenssituation, in der Kinder etwa immer noch fixiert werden oder „ruhig funktionieren" sollen.

Für Beobachtende ist das stark belastend: Viele fühlen Mitgefühl, Ärger, Ohnmacht, Scham oder Resignation, teils sogar mit körperlichen Stressreaktionen.

Dass nur ein Fünftel verlässlich eingreift, erklärt sie vor allem mit Unsicherheit in der Einschätzung und mit Gruppendruck im Team (Angst vor Konflikten, Ausgrenzung, nicht ernst genommen zu werden) und betont: Der wichtigste Risikofaktor ist nicht „nur" Stress, sondern die Qualität der Teamarbeit.

Besserer Kinderschutz braucht deshalb strukturelle Entlastung, aber auch in jeder Kita Raum für Reflexion, ansprechbare Leitung, Feedback- und Fehlerkultur sowie gelebte Schutzkonzepte, und Eltern sollen ermutigt werden, selbstbewusst nachzufragen, ohne pauschal zu misstrauen.

HÖREN

Ungerechtigkeit hat viele Gesichter im Alltag. Was tun, wenn man sich ungerecht behandelt fühlt? Mediative Tipps von Rene Träder.

LESEN

Zwei Frauen aus unterschiedlichen Generationen stellen ihre Bücher vor. Thema Ungerechtigkeit. Über eine Welt, die nicht fair spielt.

Zwei Seiten – Der Podcast über Bücher:

DIE LIEDER MEINER MUTTER ...

Text: Nuran Ayten

Die Lieder meiner Mutter gaben mir Trost, Zuversicht und Vertrauen.

Sie sang auf Türkisch. Ihre Stimme füllte den Raum, getragen vom Klang der Saz.
In ihren Liedern ging es um „insani kamil" – um Menschwerdung.

Doch diese Lieder verstummten in den Einrichtungen der Bildung.

Die Sprache meiner Mutter gehörte zu denen, die man nicht sprechen durfte – stillgelegt in den Sprach- und Bildungsverträgen.

Mit ihr verschwanden die Wärme, der Trost, die Zuversicht und das Vertrauen, die sie einst gespendet hatten. Die Sprachforscherin Prof. Dr. Annick De Houwer beschreibt, wie schwierig es für Kinder ist, wenn ihre Muttersprache in der Umgebung nicht verstanden oder gar abgewertet wird.

Kinder, die ihre Sprache nicht sprechen dürfen, verlieren ein Stück Sicherheit und Selbstverständlichkeit.

Wenn niemand ihre Worte versteht, verlieren sie auch das Vertrauen, verstanden zu werden.

Kleine Kinder können dieses Unwohlsein nicht in Worte fassen. Sie zeigen es anders – durch Rückzug, Weinen oder Verweigerung.

KINDHEITEN IM WANDEL

Heute wachsen Kinder in sehr unterschiedlichen Lebensrealitäten auf. Forscher:innen sprechen von superdiversen oder hyperdiversen Kindheiten.

Damit meinen sie, dass Kinder mit völlig unterschiedlichen Erfahrungen aufwachsen – in Bezug auf Sprache, Migration, Familienformen, Geschlecht, Behinderung oder Armut (El-Mafaalani 2022).

Gerade in Kitas wird das sichtbar: Kinder und ihre Familien bringen eine enorme Vielfalt mit – oft viel größer als die Vielfalt im Team. Das stellt Fachkräfte vor neue Aufgaben.

Oft wird als Lösung „Diversitätskompetenz" empfohlen (Koch 2021): also Wissen über kulturelle Unterschiede, Offenheit für Verschiedenheit und die Fähigkeit, mit unterschiedlichen Lebensweisen respektvoll umzugehen.

Aber Diversität ist mehr als Kultur. Wenn wir Vielfalt nur auf Herkunft reduzieren, wird sie schnell oberflächlich. Dann landen wir bei Stereotypen: „Menschen aus Kultur X sind halt so."

Dabei übersehen wir andere Dimensionen – soziale Herkunft, Behinderung, Geschlecht – und wie all das zusammenwirkt.

Foto: Karim Manjra / unsplash

STRUKTUREN, DIE AUSSCHLIESSEN

Die Wissenschaftlerin Maisha Auma kritisiert, dass Diversität oft als „freundliche Dekoration“ verstanden wird – als etwas, das man zusätzlich machen kann.

Doch es braucht mehr: eine Auseinandersetzung mit den Strukturen, die bestimmte Menschen systematisch ausschließen.

Diskriminierung bedeutet: Manche Gruppen haben mehr Zugang zu Macht und Ressourcen als andere.
Diese Ungleichheit wird durch gesellschaftliche Denkweisen gestützt – etwa durch:

- Rassismus
- Sexismus
- Ableismus (Abwertung von Menschen mit Behinderung)
- Adultismus (Abwertung von Kindern und Jugendlichen)
- Klassismus (Abwertung sozial schwächerer Menschen)
- Linguizismus (Abwertung über Sprache)
- Heterosexismus und Antisemitismus

All diese Haltungen funktionieren nach dem gleichen Prinzip: Eine Gruppe gilt als „normal“ oder „besser“, eine andere als „anders“ oder „weniger wert“.

Kinder erleben diese Bewertungen schon früh – in der Kita, auf dem Spielplatz, in den Medien, in der Familie. Und die Zahlen zeigen: Rassismus, Armut und Ausgrenzung nehmen zu.

ARMUT ALS KINDHEITSERFAHRUNG

In Deutschland wächst jedes vierte bis fünfte Kind an der Armutsgrenze auf.

Viele von ihnen haben kein eigenes Zimmer, können nicht in den Urlaub fahren, besitzen nur wenige oder alte Kleidungsstücke. Oft fehlt das Geld für Ausflüge oder Lernmaterialien. – Die Sorgen der Eltern werden zu den Sorgen der Kinder.

Familien mit Migrationsgeschichte, Alleinerziehende oder Familien mit drei und mehr Kindern sind besonders gefährdet.

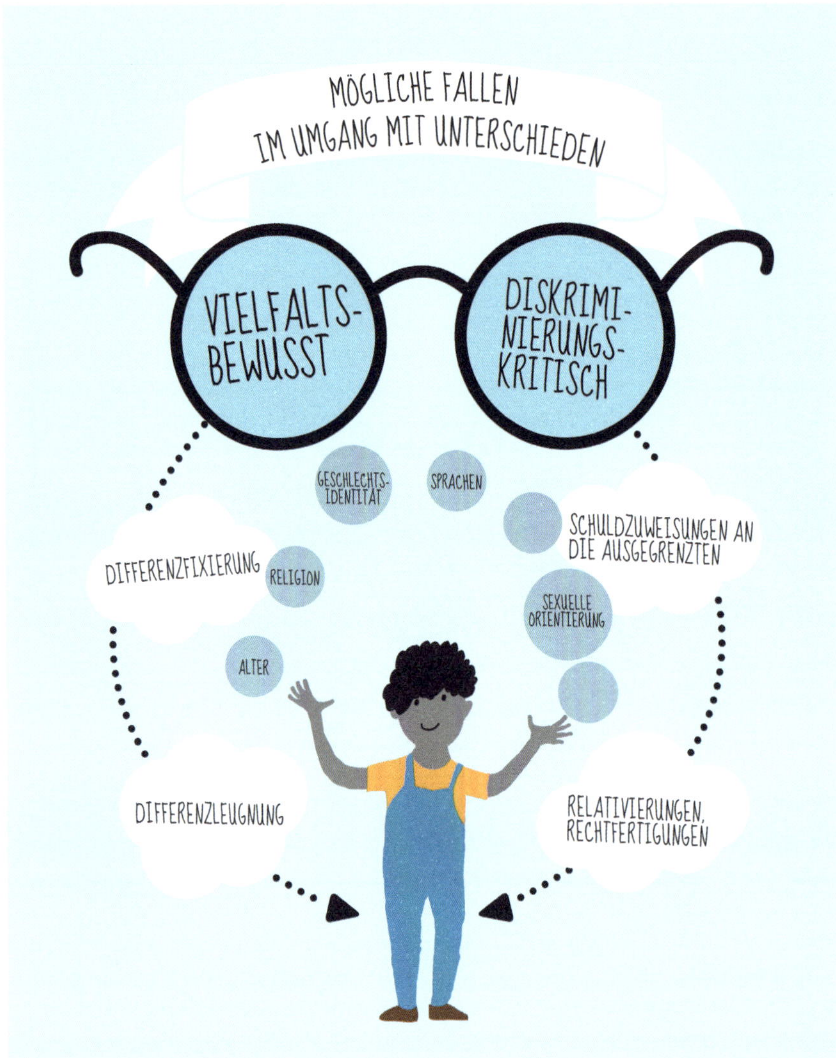

Illustration Zanko Loreck in: ISTA/ Fachstelle Kinderwelten (Hrsg.) (2018a): Inklusion in der Fortbildungspraxis. Lernprozesse zur Vorurteilsbewussten Bildung und Erziehung begleiten. Ein Methodenhandbuch. Berlin: wamiki. S. 41

Forschungen zeigen: Armut kann traumatisieren.

Sie prägt das Selbstbild und das Vertrauen in die Welt – oft ein Leben lang.

WENN DISKRIMINIERUNG IN DIE KITA KOMMT

Viele dieser gesellschaftlichen Spannungen landen direkt in der Kita.

Manchmal zeigt sich dort ein entwertender Umgang mit Familien:

Einige Fachkräfte meiden bestimmte Eltern, grüßen sie nicht oder laufen eilig vorbei.

Andere sprechen abwertend über Familien – „Die zahlen immer zu spät“, „Die packen Süßes in die Brotdose“.

Oder sie basteln Mutter- und Vatertagsgeschenke, ohne zu fragen, ob jedes Kind überhaupt eine Mutter oder einen Vater hat.

Sätze wie „Sie sollten besser Deutsch lernen“ fallen im Vorbeigehen.

Manchmal bleiben Familien unsichtbar – an den Wänden, in den Büchern, in der Sprache.

Kinder spüren das. Sie merken genau, welche Familien willkommen sind – und welche nicht.

Seit 2010 zeigen Forschungen: Diskriminierungserfahrungen wirken tief.

Kinder, die sich minderwertig fühlen, verlieren Neugier, Mut und Vertrauen. Ihr Lern- und Erkundungsverhalten verändert sich.

Laut Amna Yeboah ist Diskriminierung für Kinder eine Form von dauerhaftem Stress – eine Art psychische Gewalt.

Sie aktiviert im Gehirn dieselben Bereiche wie körperlicher Schmerz. Diese Erfahrungen tun weh – im Körper und in der Seele. Sie lassen Kinder glauben, dass sie „falsch" sind – und dass die Welt gegen sie ist.

ÜBER GRENZEN HINWEG – ZUHÖREN ALS HALTUNG

„Wir müssen nicht alles wissen über die verschiedenen ‚Kulturen' der Kinder, mit denen wir arbeiten – und wir können es auch nicht.

Jede neue Situation verlangt, dass wir uns neu orientieren, Wissen erwerben und Handlungsweisen entwickeln. Die entscheidende Herausforderung ist, offen zu bleiben, um von den Familien zu lernen." (Derman-Sparks 2013) Die Fachstelle Kinderwelten – heute Institut Kinderwelten – beschreibt Familienkultur als ein einzigartiges Mosaik aus Gewohnheiten, Deutungen, Traditionen und Perspektiven.

In diesem Mosaik spiegeln sich Erfahrungen mit Herkunft, Sprache(n), Behinderung, Geschlecht, Religion, sozialer Lage, sexueller Orientierung, Ortswechseln und Diskriminierung.

Familienkultur ist nie auf eine nationale oder ethnische Kultur zu reduzieren – sie entsteht aus dem Leben selbst.

Diese Haltung garantiert keine diskriminierungsfreie Praxis. Aber sie öffnet den Blick: Sie ermutigt dazu, kritisch hinzuschauen, Fragen zu stellen, eigene Routinen zu überdenken.

Sie erinnert uns daran, dass jede und jeder eine Geschichte trägt – und dass Verstehen immer mit Zuhören beginnt.

In Kitas kann das bedeuten: innezuhalten, gemeinsam zu reflektieren, wo Ausschlüsse passieren.

Teams können sich fragen:

- Wo handeln wir unbewusst wertend?
- Wo fehlt Raum für andere Sprachen, Erzählungen, Lebensformen?
- Und wie schaffen wir Orte, an denen Kinder sich mit all ihren Facetten willkommen fühlen?

Die Lieder meiner Mutter erinnern mich daran, wie viel Kraft im Zuhören liegt.

Ihre Worte – einst in Türkisch gesungen – verbanden Menschen, gaben Wärme und Vertrauen.

Eines dieser Lieder begleitet mich bis heute: mit den Versen von Muhiydin Abdal, in der Fassung von Fazıl Say.

Es erzählt von Menschwerdung – von Würde, von Gerechtigkeit, und davon, dass wir uns erst dann wirklich begegnen, wenn wir bereit sind, einander zuzuhören.

https://kurzlinks.de/idlu

Literatur:
https://diversekindheiten.de/methoden/

Die Literaturhinweise können angefordert werden:
redaktion@wamiki.de

Foto: Nathan Dumlao / unsplash

2.

REGELN SIND MANCHMAL KOMISCH!

Vor allem, wenn man sie nicht hinterfragt.

REGELN, DIE ZÄHLEN – FAIR STATT FESTGEFAHREN

Warum halten wir in Kitas hartnäckig an Regeln wie „Die Schuhe stehen links" fest – während wirklich wichtige Regeln, etwa gegen Ausgrenzung, oft untergehen?

Und warum ist unser Alltag oft von Konventionen statt von Fairness geprägt? Frauke Hildebrandt erklärt im Gespräche mit wamiki, was Kinder wirklich schützt und wo Teams neu denken müssen.

Dass Regeln im Kita-Alltag nötig sind, ist unbestritten, aber ist es auch gerecht?

Kommt darauf an, welche. Viele Regeln sorgen dafür, Gleichwertigkeit unter Menschen herzustellen und Schwächere zu schützen. Deshalb ist nichts ungerechter, als keine Regeln zu haben. Dann greift das Recht des Stärkeren, und der setzt sich durch.

Natürlich braucht man Regeln, und wir unterscheiden zwei Arten davon. Zum einen ethische Grundregeln, die menschliches Zusammenleben strukturieren, zum Beispiel die Zehn Gebote, die Moses auf dem Berg Sinai offenbart wurden, das Gebot, Menschen nicht zu töten, sie nicht zu schlagen oder auszugrenzen. Zum anderen gibt es Konventionen, die Alltags-Abläufe erleichtern.

Zum Beispiel: In der Kita kommt um 12.00 Uhr immer der Caterer, und deshalb gibt es um 12.30 Uhr Mittagessen.

Genau. Oder: Wir stellen die Schuhe immer links im Flur hin. Man könnte sie auch woanders hinstellen, aber wir haben uns geeinigt, dass sie dort stehen, und alle müssen sich daran halten. Solche eigentlich verhandelbaren Ablauf-Regeln gelten wie eherne Gesetze, weil der Caterer eben um 12.00 Uhr kommt und die Putzfrau um 14.00 Uhr Feierabend hat. Sie werden von vielen Erzieherinnen durchgezogen, doch Kinder haben uns nicht selten erzählt: Bei der einen Erzieherin gilt die eine Regel, bei der anderen eine andere. Und oft weiß niemand mehr, wer die Regeln mal gesetzt hat.

Auf ethische Grundregeln wird jedoch, das ist unsere Erfahrung, zu wenig geachtet. Deshalb gibt es im Brandenburger Bildungsplan zwei ausführliche Kapitel, in denen wir beschreiben, was Erzieherinnen tun können, wenn Kinder gewalttätig werden oder wenn ihre Gefühle sie so überwältigen, dass sie andere Kinder in Mitleidenschaft ziehen, wenn sie andere Kinder ausgrenzen oder diskriminieren. Das passiert in den Kitas immer wieder, wird aber oft nicht wahrgenommen, nicht behandelt, und es wird leider wirklich selten adäquat thematisiert. Im Bildungsplan haben wir deshalb deutlich auf diese Regelgeltung hingewiesen. Sie ist nicht verhandelbar. Das heißt also: Man setzt sich nicht mit den Kindern hin und diskutiert: Wollen wir jetzt diskriminieren – wer ist dafür und wer nicht?

Ethische Grundregeln müssen immer und überall gelten. Aber sie werden häufig verletzt, während die

Foto: Jan von Holleben

Ablauf-Regeln, Konventionen aller Art, über deren Sinn man mit den Kindern diskutieren kann, nicht hinterfragt werden.

Wie erklärst du dir, dass das so ist?

Ich weiß es nicht genau. Aber ich kann sagen: Durch den Alltag zu kommen und darauf zu achten, dass die Abläufe reibungslos funktionieren, das scheint im Kita-System super-wichtig zu sein, auch in Fachhochschulen und Ministerien. Solche Regeln verselbstständigen sich irgendwie, wenn Menschen zusammenkommen und etwas organisieren. Und Erzieherinnen finden es einfach stressig, es nervt sie, wenn sich Chaos ausbreitet. Wenn die Schuhe links und rechts im Flur stehen – ja, wo stehen sie dann möglicherweise morgen? Im ganzen Haus?

Es könnte auch sein, dass die Angst vor chaotischem Getriebe das Verhandeln über Ablauf-Regeln erschwert und für Unsicherheit sorgt: Was ist überhaupt erlaubt, was nicht? Was ist fair, was nicht?

Bei diesen Regeln geht es ja nicht um Fairness, sondern nur darum, dass die Prozesse im Alltag ungestört ablaufen und nicht immer wieder etwas Neues dazukommt. Andererseits wäre es cool für die Kinder, noch mal neu zu überlegen, ob die Schuhe auch woanders stehen könnten. Man könnte doch fragen: Wollen wir mal ein, zwei Tage lang ausprobieren, was besser ist? Habt ihr eine Idee? So etwas wäre spannend für die Kinder, die ja lernen sollen, wie man Regeln aushandelt. Das ist ein ganz wichtiges Bildungsziel.

Die ethischen Grundregeln hingegen betreffen etwas, das unter den Kindern passiert, Ausgrenzung oder Diskriminierung zum Beispiel. Da fehlt manchen Erzieherinnen einfach das Handwerkszeug zum Eingreifen, weil sie in ihrer Vergangenheit selbst nicht erlebt haben, wie man damit umgeht, und auch die Techniken nicht gelernt haben. Oft heißt es: „Da muss man durch! Das ist im Leben eben so! Es geht nicht immer gerecht zu!" Dahinter steckt wahrscheinlich Überforderung.

Besonders in Konfliktsituationen, wenn es Streit gibt.

Ja. Alle Kinder haben unterschiedliche Interessen und versuchen, die ihrigen durchzusetzen. Wenn man keine ethischen Grundregeln festgesetzt hat, wird es übel, denn der Stärkere setzt sich dann durch. Daran krankt vieles, und die Kinder merken schnell, ob es fair zugeht oder nicht.

Foto: Jan von Holleben

Und zwar nicht beim Umgang mit diesen Chaos-Vermeidungs-Regeln, sondern bei den ethischen Grundregeln. Wenn sie sehen, dass an der Wand schön ausgedruckte oder sogar selbst gemalte Poster hängen, auf denen steht „Wir hauen uns nicht!" und „Niemand wird diskriminiert!", ihnen das aber auf dem Spielplatz permanent passiert, dann untergräbt das natürlich das Vertrauen der Kinder in das gesamte System. Erleben sie aber, wie die Erwachsenen darauf eingehen, dass sie sich dagegenstellen und Regeln durchsetzen, prägt das ihr Vertrauen in die ethischen Grundregeln. Doch diese Regeln werden in vielen Kitas eben oft nicht eingehalten.

Weil sie auch in den Teams nicht eingehalten werden?

Da heißt es: „Natürlich gehen wir gegen Diskriminierung und Ausgrenzung vor!" Doch dabei handelt es sich meist um subtile Verletzungen unter Kindern, zum Beispiel: „Du darfst nicht zu meinem Kindergeburtstag kommen." Natürlich hat ein Kind das Recht, einzuladen, wen es möchte. Aber es hat nicht das Recht, jemanden als einzelnen Menschen bloßzustellen, der nicht eingeladen wird. Damit umzugehen, das ist nicht leicht, sondern erfordert pädagogisches Geschick.

Kinder sind ja absolute Gerechtigkeitsjunkies. Sie lieben Personen, die gerecht sind. Wenn sie merken: Hier passiert etwas, aber die Erzieherin hat es im Blick und greift ein – das ist ein ganz hohes Gut für Kinder. Dazu gibt es viele Forschungen. Berichtet wurde zum Beispiel von einem Experiment, in dem Gummibärchen verteilt wurden. Die Erzieherin gab allen Kindern gleich viele Bärchen, aber ein Kind bekam ein Bärchen mehr. Das fand dieses Kind selbst ganz blöd, wollte es nicht und verstand es nicht. Kinder wollen nämlich, dass es – auch gegen den eigenen Vorteil – gerecht zugeht. Es sei denn, der Zufall regelt etwas. Wenn ein Zufallsgenerator die Bärchen verteilt, und ein Kind bekommt mehr als die anderen Kinder…

… dann war das in Ordnung?

Ja, das war okay. Es geht darum, dass es eine Person gibt, die gerecht ist. Ein Automat muss nicht gerecht sein. Da regiert der Zufall, und damit können Kinder leben.

Die größten Kränkungen, die Menschen erleben, und schlimme Feindschaften entstehen, weil jemand sich ungerecht behandelt fühlte oder ungerecht behandelt und über lange Zeit nicht anerkannt wurde. Deswegen ist es ganz wichtig, dass die ethischen Grundregeln in der Kita eine viel stärkere Rolle spielen und bewusst durchgesetzt werden.

Sind dir schon Kita-Teams begegnet, in denen das gut gehandhabt wird?

Ganze Teams nicht, aber viele Erzieherinnen, die stark darauf achten, in Konflikt- oder Ausgrenzungssituationen zu handeln und für Gerechtigkeit zu sorgen. Andere wollen das gern tun, aber es fehlen ihnen Strategien und Technik, wie sie es tun können.

Foto: Jan von Holleben

Was mich in der Regeldiskussion immer wieder sehr ärgert: Wenn von Regeln die Rede ist, geht es stets um die Vermeidung von Chaos, und dafür gibt es zu viele sinnlose Regeln. Irgendwer hatte sich vielleicht mal was dabei gedacht, aber das ist lange her, und die Schuhe müssen immer noch links im Flur stehen.

Schlägt jemand tatsächlich mal etwas anderes vor, wird es abgelehnt, weil: Wir haben das immer so gemacht! Oder man sagt: Die Kinder brauchen Regeln. Klar, aber welche denn? Und welche schränken vielleicht Selbstverantwortung oder Mitverantwortung für die Gemeinschaft und eigenes Überlegen oder die eigene freie Entscheidung ein?

Ich sehe einen stark von Ablaufzwängen verregelten Alltag schon bei jungen Kindern. Das wird nicht besser, sondern die Spielräume werden enger – trotz aller Diskussion um Partizipation.

Du hattest eben gesagt, es fehle den Erzieherinnen an Technik. Erkläre doch bitte mal an einem Beispiel, vielleicht der Geburtstagseinladung, wie man damit in der Kita umgehen könnte.

Frauke Hildebrandt, Professorin für Pädagogik und Kindheit an der Fachhochschule Potsdam, ist stellvertretende Leiterin des Masterstudiengangs „Frühkindliche Bildungsforschung".

Man könnte erst mal darüber sprechen, wen man zum Geburtstag einlädt, nämlich Menschen, die einem lieb sind, und dass es eine bestimmte Art gibt, wie man einlädt. Dadurch spielt die Ausgrenzung – „Dich lade ich nicht ein!" –, die ja wie eine Strafe wirkt, erst mal keine Rolle mehr. Ganz klar muss sein: Natürlich darf das Kind bestimmen, wen es einladen möchte, und es übergibt diesen Kindern eine Einladung.

Kinder, die nicht eingeladen werden, müssen damit leben. Aber man kann das einordnen und die Kränkung, die es wahrscheinlich trotzdem bedeutet, thematisieren: Was genau daran fühlt sich blöd an? Kennt man das vielleicht auch von sich selbst? Kann es sein, dass sich so etwas ändert? Das sind doch die sozialen Basics im Leben eines jeden Menschen. Die Erzieherin kann auch noch mal betonen, dass jedes Kind das Recht hat, diejenigen einzuladen, mit denen es in letzter Zeit oder überhaupt besonders gern spielt, und dass das beim nächsten Geburtstag vielleicht schon anders sein kann. Dabei merken die Kinder: Das ist das Normale, also keine Strafe, und es bedeutet nicht, dass jemand ein Kind als Person abwertet, weil er es nicht einlädt. Mit Kindern kann man das offen besprechen und muss kein Kind zwingen, jemanden einzuladen, den es nicht dabeihaben will. Wenn es aber diskriminierend wird, müssen klare Grenzen gesetzt werden.

Ähnliches passiert ja auch oft, wenn ein Kind beim Spielen ausgegrenzt wird. Da sind drei Kinder in ihr Spiel vertieft, und ein Mädchen möchte mitspielen, wird aber nicht zugelassen. In so einem Fall kann die Erzieherin fragen, ob es vielleicht doch eine Rolle gibt, die das Mädchen übernehmen könnte. Wenn nicht, muss sie dem Mädchen erklären, dass die drei jetzt gerade keine Mitspielerin gebrauchen können. Sie kann dem Kind ein Angebot für eine andere Spielsituation machen, vielleicht selbst eine Idee entwickeln...

... die dann auch für andere Kinder interessant wird.

Ja. Aber so etwas darf nicht einfach nebenbei passieren, und kein Mensch kriegt es mit.

Oft werden solche Situationen nämlich nicht begleitet, Im Bildungsplan zitieren wir ein Mädchen, das eine Höhle baute und ein jüngeres Kind daran beteiligen musste. Das Mädchen sagte: „Ich wollte es ja nicht ausschließen, aber dann hatte ich keinen Spaß mehr." Das ist auch ungerecht. Niemand muss sich mit allen anderen Kindern verstehen. Aber es muss Regeln geben, wie man mit solchen Situationen in der Kita umgeht, ohne Kinder zu entwerten.

Natürlich ist das nicht leicht, denn unter den Kindern geht es ja auch darum, wer besser oder cooler sein will, wer viele Freunde hat. Aber es gibt halt Regeln, die artikuliert werden, klar sein müssen und durchgesetzt werden. Dann kommt man mit solchen Situationen viel besser zurecht, es gibt ein sicheres Umfeld, kein Gefühl des Allein-Seins, Nicht-gesehen-Werdens, und niemand kann unwidersprochen sagen: „Es kommt eh nicht drauf an. Ich mache, was ich will. Egal, was das für andere Kinder bedeutet." Dafür muss die Erzieherin sorgen. Sie ist die personifizierte ethische Grundregel.

Bildungsplan —
Erweiterte Grundsätze elementarer Bildung in Einrichtungen der Kindertagesbetreuung im Land Brandenburg

1. Auflage 2024,
288 Seiten, mit vielen Fotos, gebunden
22,00 Euro
ISBN 978-3-96791-024-7

KINDER REGELN DAS!

Und zwar besser, als viele Erwachsene denken

Wie die AWO-Kita „Tausendfüßler" Regeln mit Kindern verhandelt – und Kinder ihre Stimme finden

Foto: Sebastian Treytnar

In vielen Kitas stehen Regeln fest, bevor Kinder überhaupt gefragt werden. In der AWO-Kita „Tausendfüßler" läuft es anders: Dort entscheiden Kinder mit – beim Frühstück, im Mittagskreis, bei Konflikten und sogar bei der Lautstärke im Raum. Statt „So ist das eben!" heißt es: zuhören, aushandeln, gemeinsam Lösungen finden. Anne-Kathrin Deutschmann arbeitet als Erzieherin und Elternbegleiterin seit knapp 16 Jahren in der Einrichtung. Wenn sie vom Alltag erzählt, wird schnell klar: Regeln sind für sie kein fertiger Plan, der von Erwachsenen „durchgesetzt" wird, sondern etwas, das im Dialog mit Kindern entsteht – immer wieder neu.

FRÜHSTÜCK NACH BAUCHGEFÜHL STATT ANSAGE

Die Kita „Tausendfüßler" ist dreistöckig aufgebaut:
unten die Sandetage mit den Krippenkindern,
in der Mitte die Wasseretage,
oben die Wiesenetage, jeweils für die Kinder von drei bis sechs Jahren.

Der Tag beginnt früh: Um 6.30 Uhr öffnet der Frühdienst auf der Wasseretage. Dort werden die Kinder nach und nach in Empfang genommen. Später frühstücken sie auf den jeweiligen Etagen – aber nicht im Sinne eines „Alle jetzt an den Tisch!"-Signals.

„Die Kinder können selbst entscheiden, ob sie frühstücken oder lieber erst im Bereich spielen", beschreibt Anne. „Offene Arbeit heißt für uns: Die Kinder dürfen an ganz vielen Stellen mitentscheiden. Und das fängt beim Essen schon an."

Diese Freiheit ist kein „Laissez-faire", sondern Teil einer Haltung: Kinder sollen ihren Körper, ihre Bedürfnisse und ihren Tagesrhythmus ernst nehmen lernen – und erleben, dass Erwachsene das respektieren.

WARUM DER MORGENKREIS EIN MITTAGSKREIS WURDE

Früher gab es in der Kita klassische Morgenkreise. Doch das Team hatte beobachtet: Die Kinder werden oft mitten aus intensiven Spielsituationen gerissen. „Wir haben gemerkt, dass wir ihnen damit eigentlich nicht gerecht werden", erzählt Anne. Die Konsequenz: Der Morgenkreis wich einem Mittagskreis.

Der Mittagskreis findet vor dem Essen statt und erfüllt mehrere Funktionen: Die Kinder kommen zur Ruhe, können auf den Vormittag zurückblicken, Konflikte besprechen, Regeln aushandeln und gemeinsame Pläne schmieden.

Anne beschreibt, wie sie eine solche Runde gestaltet: „Ich habe lange Zeit mit einer Spieluhr begonnen. Wenn die lief, wussten alle: Wir treffen uns im Kreis. Solange die Spieluhr spielte, saßen die Kinder still da und konnten einmal bewusst Ruhe wahrnehmen."

Danach folgt ein kurzer gemeinsamer Blick auf den Tag und die Welt draußen: Wochentag, Datum, Wetter, Jahreszeit. „Am Ende haben die Kinder das Datum ganz allein gemacht, ich war nur noch da. Das liebe ich: wenn Rituale zu Kindersachen werden."

An diesen Einstieg schließt sich die eigentliche Gesprächsphase an. Anne fragt: „Wie war euer Tag bisher?" – und die Kinder erzählen. Streit, Freuden, Erlebnisse: Alles darf auf den Tisch.

STREIT AUSHALTEN STATT SCHULDIGE SUCHEN

Ein Kernprinzip der Kita: Konflikte werden nicht reflexhaft „gelöst", indem Erwachsene entscheiden, wer Recht hat. Sie werden zum Anlass genommen, gemeinsam nachzudenken.

Wenn Anne im Laufe des Vormittags eine heftige Auseinandersetzung beobachtet – zwei Kinder schreien sich an, beschuldigen sich, sind sichtlich aufgebracht –, greift sie zunächst nur ein, wenn es körperlich wird. Der Rest wandert in ihr inneres Notizbuch für den Mittagskreis.

Später erzählt sie der Gruppe, was sie beobachtet hat – ohne Namen zu nennen. Die betroffenen Kinder erkennen sich trotzdem sofort wieder und melden sich zu Wort. „Sie wollen erklären, sich rechtfertigen, ihre Sicht darstellen", berichtet Anne. „Ich bleibe bewusst neutral. Ich war nicht in ihren Köpfen, ich kann nicht wissen, wer ‚Recht' hat." Die Kinder erzählen nacheinander, andere Kinder steuern Beobachtungen bei. Dann beginnt der eigentliche Aushandlungsprozess:

Was hättest du anders machen können?
Welche Möglichkeiten hättest du noch gehabt?
Wie würdet ihr, die anderen Kinder, damit umgehen?

Dabei entstehen oft erstaunlich differenzierte Ideen: „Ich hätte gleich zu dir kommen können." – „Beim nächsten Mal frage ich erst XY, ob wir tauschen können."

Wichtig ist für Anne: „Wenn zwei Kinder streiten, erzählt mir jedes, dass es Recht hat. Es steht Aussage gegen Aussage – und ich habe kein Recht zu sagen, wer Recht hat. Mein Job ist, sie zu einer Lösung zu begleiten, mit der alle leben können."

Regeln, die aus solchen Situationen heraus gemeinsam verhandelt werden, halten nach ihrer Erfahrung viel besser als Regeln, die Erwachsene „von oben" vorgeben.

WENN LÄRM KÖRPERLICH WEH TUT

Ein Beispiel, das Anne besonders gern erzählt, beginnt in der Garderobe. Sie kommt in einen extrem lauten Raum, die Geräuschkulisse ist kaum auszuhalten. In der Garderobe sitzt ein Junge und weint.

„Ich habe gefragt: Was ist los?", erinnert sich Anne. „Und er sagt: ‚Es ist so laut, mir tun die Ohren weh.' Er war nicht nur traurig, er war wütend über diese Lautstärke."

Das Thema Lautstärke hatte die Gruppe schon die ganze Woche beschäftigt. Es gab bereits verabredete Regeln, doch niemand hielt sich daran. „Da habe ich zu ihm gesagt: Du hast mir das gerade so gut erklärt, vielleicht musst du das mal den anderen erzählen."

Im Mittagskreis berichtet der Junge der gesamten Gruppe, wie schlimm sich die Lautstärke für ihn anfühlt. Er beschreibt, wie seine Ohren schmerzen, wie wütend ihn das macht. Die anderen Kinder hören zu. Plötzlich wird deutlich: Die bisherigen Regeln funktionieren nicht.

„Dann kam die Frage: Was können wir machen?", erzählt Anne. Die Kinder entwickeln eine Lösung: Ein drehbarer Punkt, grün auf der einen, rot auf der anderen Seite. Wird es zu laut, darf ein Kind den Punkt auf Rot drehen. Alle sehen: Wir sind zu laut, wir müssen leiser werden.

„Das hat erstaunlich gut funktioniert", sagt Anne. „Die Regel kam von den Kindern und aus einem echten Bedürfnis heraus. Da musste ich nicht viel tun."

KLEINE ABSTIMMUNG, GROSSES WORT: DEMOKRATIE

Auch bei weniger dramatischen Themen, etwa der Frage, welches Spiel im Mittagskreis gespielt wird, setzt die Kita auf Beteiligung. Die eine Gruppe möchte Bewegungsspiele, die andere lieber ein ruhiges Spiel. Fragt man die Kinder, entsteht schnell ein Patt.

Als Anne die Verantwortung für den Mittagskreis mehr und mehr in die Hände der Vorschulkinder gibt, findet eines der Kinder die Lösung: „Wir machen das so, wie Anne das mit uns macht: Wir stimmen ab."

Es fragt:

„Wer ist für Spiel A?" – Hände gehen nach oben.

„Wer ist für Spiel B?" – wieder melden sich einige.

„Die eine Gruppe ist größer, also spielen wir dieses Spiel. Das ist fair", erklärt das Kind. Anne ergänzt nur noch: „Dafür gibt es ein Wort – das nennt man Demokratie."

Solche Momente sind für sie „Lorbeeren", wie sie sagt. Situationen, in denen sichtbar wird, dass Kinder nicht nur Regeln befolgen, sondern Prinzipien wie Fairness und Mitbestimmung verinnerlichen.

Aber: Was passiert eigentlich dann mit den immer/oft „unterlegenen" Ideen, kommen die niemals zum Zuge? Oder gibt es eine Reihenfolge? Erst machen wir das, nächstes Mal dann dies … Oder?

PROGRAMME SIND GUT – HALTUNG IST BESSER

Ein Baustein der pädagogischen Arbeit in der Kita „Tausendfüßler" ist das Papilio-Programm, ein Sucht- und Gewaltpräventionsprogramm für Kinder von drei bis sechs Jahren. Die Kita arbeitet „in Anlehnung" an Papilio – nicht nach Schema F. Das Programm ist ursprünglich für altershomogene Gruppen mit streng getakteten Kreisen gedacht, die Realität der offenen Arbeit sieht anders aus.

„Wir nutzen die Grundideen, aber setzen sie auf unsere Weise um", sagt Anne. Entscheidend sei ohnehin nicht der Programmname, sondern die Haltung dahinter:

Kinder ernst nehmen.
Gefühle ernst nehmen.
Kinder konsequent in Entscheidungen einbeziehen.

„Wenn wir sie fragen: ‚Wie geht es euch damit?' und dann gemeinsam schauen, was daraus folgt – dann entsteht Partizipation fast automatisch", so Anne. Das Ziel sei klar: eine Kita, in der Kinderrechte im Alltag spürbar sind, in der ein Kinderrat keine ferne Idee, sondern eine logische Weiterentwicklung ist.

FREUNDSCHAFT STATT „DU DARFST NICHT MITSPIELEN"

Ein Thema, das das Team auf der oberen Etage lange begleitet hat, ist das Ausschließen: „Wenn du das so machst, spiele ich nicht mit dir." – „Du darfst nicht mitspielen."

Eine reine Erwachsenenantwort wie „So geht das nicht!" findet Anne problematisch. „Natürlich geht es so – es ist das echte Empfinden der Kinder. Die Frage ist: Wie können sie darüber sprechen lernen, statt es zu verschweigen oder nur auszuhalten?"

Besonders wichtig sind ihr, sehr stille Kinder – Kinder also, die leicht übersehen werden, weil sie nicht laut protestieren. „Die stark zu machen, damit sie sagen können: ‚Ich will das nicht, ich fühle mich unwohl' – das ist aus meiner Sicht viel mehr wert, als wenn sie besonders gut mit der Schere schneiden."

In der Arbeit zum Thema Ausschließen hat Anne mit reinen Jungen- und reinen Mädchengruppen gearbeitet – beide Gruppen mit eigenen, sehr unterschiedlichen Dynamiken. Mit den Jungen ging sie regelmäßig in den Park, um dort körperliche Themen und Grenzfragen zu bearbeiten. Mit den Mädchen arbeitete sie stärker an Beziehungsfragen.

In der Gesamtgruppe wurde die Perspektive gedreht: weg vom Problem Ausschließen, hin zur Frage: Was ist eigentlich Freundschaft? Was ist dir bei einer Freundin oder einem Freund wichtig?

Foto: Sebastian Treytnar

Die Antworten der Kinder wurden gesammelt und im Raum sichtbar gemacht:

Freunde fragen, wie es mir geht.
Freunde hören mir zu.
Freunde spielen auch mal, was ich möchte.

Parallel dazu wurden Sätze gesammelt, wie sich Ausschließen anfühlt: traurig, wütend, beschämend, weh. So wurde beides sichtbar: die Sehnsucht nach Zugehörigkeit – und der Schmerz, wenn sie verweigert wird.

WENN REGELN NICHT PASSEN, FLIEGEN SIE RAUS

Regeln sind für das Team nichts Starres. Wenn sie immer wieder gebrochen werden, ist das automatisch kein Zeichen von „Ungehorsam", sondern eher ein Signal: Diese Regel passt nicht (mehr).

Ein Beispiel: Im Bewegungsraum gab es eine Zeit lang die Regel, dass nur so viele Kinder hinein dürfen, wie Schuhe vor der Tür stehen. Kinder begannen, Schuhe zu verstecken, um andere auszubremsen. „Das war ein bewusstes Ausnutzen der Regel – und ein Zeichen, dass sie mehr schadet als nutzt", erzählt Anne. Die Konsequenz: Die Regel wurde gemeinsam wieder abgeschafft.

Wichtiger als das Festhalten an Regeln ist für sie, das dahinterliegende Bedürfnis zu verstehen und immer wieder neu zu fragen:

Passt diese Regel für uns?

Hilft sie uns im Miteinander – oder erzeugt sie neue Probleme?

TEAMSTRESS, ZEITNOT – UND TROTZDEM GESPRÄCHE

All das passiert nicht im luftleeren Raum. Die Kita ist groß, das Team divers, die Arbeitsbedingungen schwierig. „Wir haben eigentlich nie genug Zeit, um alles zu besprechen, was nötig wäre", sagt Anne. Einmal pro Woche gibt es Kleinteam-Beratungen auf den Etagen, einmal im Monat eine große Teamberatung, dazu ein Format, in dem Vertreter:innen aller Etagen zusammenkommen. Vieles läuft trotzdem „nebenbei".

Unterschiedliche Haltungen prallen auch hier aufeinander: Menschen, die mit sehr strengen Regeln groß geworden sind, treffen auf Kolleg:innen, die andere Erfahrungen mitbringen. Ganz praktisch wird das etwa beim Thema Fasching: Eine Zeit lang feierte die Kita bewusst „gegen" den Konsumfasching, mit selbstgebastelten Kostümen aus Altmaterial. Mit neuen Kolleg:innen, denen Fasching wichtig ist, kam das Thema wieder in Bewegung.

„Manche Fragen lassen sich nicht fertig diskutieren", sagt Anne. „Dann probieren wir etwas aus und schauen später noch einmal drauf."

Kontakt: AWO-Kita Tausendfüßler,
Geschwister-Scholl-Straße 52a, 14471 Potsdam,
E-Mail: tausendfuessler@awo-potsdam.de
Leitung: Petra Schmidt,
Stellvertretung: Carsten Viertel-Haese
Größe: 141 Kinder, 23 Mitarbeitende
Träger: AWO Kinder und Jugendhilfe Potsdam gGmbH
Unsere Stärken: Bewegung, offene Arbeit, Begleitung von Eltern, Förderung von sozial-emotionalen Kompetenzen bei Kindern

ELTERNWÜNSCHE, SCHLAFEN UND ANWALT SEIN FÜRS KIND

Auch mit Eltern gibt es immer wieder unterschiedliche Vorstellungen – etwa beim Thema Schlafen: „Mein Kind soll schlafen", hören die Fachkräfte regelmäßig. Dann geht es darum, ins Gespräch zu kommen: Wie sieht es zu Hause aus? Was braucht das Kind? Was wünschen sich die Eltern?

Es gibt aber auch klare Grenzen. „Regeln wie ‚Das Kind muss aufessen' sind für uns ein No-Go", betont Anne. „Das widerspricht unserer Haltung und den Kinderrechten. Da sind wir Anwält:innen der Kinder."

GEWALT HAT HAUSVERBOT – RECHTE STATT DAUER-NEIN

Wenn es körperlich wird, ist für Anne eine Grenze erreicht. „Körperliche Gewalt ist nicht verhandelbar. Jemandem absichtlich weh zu tun – das geht nicht", sagt sie klar. In der Situation werden Kinder getrennt, die Auseinandersetzung wird sofort gestoppt.

Im Nachgang geht es aber auch hier nicht um Schuldzuweisungen, sondern um Verstehen:

Warum bist du so wütend geworden?
Was war vorher?
Wie hättest du sonst handeln können?

Anne unterscheidet bewusst zwischen impulsiven Reaktionen von Kindern und dem Wissen von Erwachsenen: „Kinder können ihren Impuls oft noch gar nicht regulieren. Unsere Aufgabe ist, mit ihnen gemeinsam zu verstehen, was da passiert ist."
Hilfreich findet sie einen Perspektivwechsel, der in einer Fortbildung Thema war: Weg vom „Du darfst das nicht", hin zu Sätzen wie:

„Du hast das Recht, dass dir niemand weh tut."

„Kinder hören ‚Nein, du darfst nicht' ohnehin ständig", sagt sie. „Wenn wir in Rechten sprechen, verändert sich etwas: Kinder begreifen, dass es um ihren Schutz geht – nicht um die Launen der Erwachsenen."

DREI REGELN FÜRS REGELNMACHEN

Am Ende fasst Anne zusammen, was sie durch die Jahre als Kern ihrer Regelarbeit mit Kindern erkannt hat:

- Alle Kinder ernst nehmen.
  Nicht nur die lauten, nicht nur die deutlich Formulierenden – auch die Leisen, die Zögerlichen.

- Raum und Zeit geben.
  Regeln lassen sich nicht zwischen Tür und Angel verhandeln. Es braucht Orte wie den Mittagskreis, in denen wirklich gesprochen werden kann.

- Sich selbst nicht zu wichtig nehmen.
  „Wir Erwachsenen haben Macht – und wir müssen uns das bewusst machen", sagt Anne. „Die Regeln sind nicht ‚meine'. Sie sollen von der Gruppe getragen werden. Unsere Aufgabe ist, den Prozess zu begleiten, nicht das Ergebnis vorzugeben."

Teams, die anfangen wollen, mehr mit Kindern auszuhandeln, rät sie: „Hört zu. Greift nicht zu schnell ein. Geht nicht mit einer fertigen Lösung in die Situation. Und habt Mut zur Veränderung. Wenn etwas nicht funktioniert, merken die Kinder das als Erste – und sie sind oft die Klügsten, wenn es darum geht, neue Wege zu finden."

Der Beitrag entstand aus einem Gespräch mit Anne Kathrin Deutschmann und Petra Schmidt, aufgezeichnet von **wamiki**.

Hänschen im Glück
Minimalismus ist hipp!
Und so tauschte der Träger
den Garten gegen eine Moos-Wand,
die Küche gegen einen Caterer,
die Bilderbücher gegen ein Tablet,
die Kuschelecke gegen einen
Vagus-Nerv-Stimulator,
die Elternabende gegen einen
Chat-Bot und die PädagogInnen
gegen eine KI.
Da zogen die Kinder in die
Welt hinaus und wussten:
Weniger ist leer!
Kita
MINI
MAXL
Schlimme Märchen
KASCHE.

DIE IGEL-METHODE

Wie Kinder ihr Wunschessen wählten – und nebenbei Demokratie lernen

Wie können wir Meinungen einsammeln und Entscheidungen treffen, ohne einfach nur Ja/Nein zu zählen?

Auf der Suche nach Antworten probierte das Team der Kita „Pampelmuse" die Igel-Methode aus – und merkte schnell, wie kraftvoll sie ist: In einer Gemeinschaft von rund 80 Menschen führt sie zu Entscheidungen, die viele mittragen können.

Und sie lädt viel eher dazu ein, nach Gründen zu fragen, statt nur: „Willst du das oder nicht?" Kita-Leiterin Manja Hofmann erzählt von ihren Erfahrungen, zusammengefasst von wamiki.

Bei uns reicht die Geschichte der Igel-Methode gut zehn Jahre zurück. Damals haben wir etwa anderthalb Jahre lang gemeinsam mit Kindern und Eltern an unserer Kindergartenverfassung gearbeitet. In dieser Zeit probierten wir unterschiedliche Beteiligungsmethoden aus und schauten, was wirklich zu unserer Kita passt. Wir waren eng mit den Eltern im Gespräch.

Wir wollten auch Methoden nutzen, die nicht nur Mehrheiten abfragen – sondern Bedürfnisse sichtbar machen. Entscheidungen, die tragfähig sind, weil sie nicht die meisten glücklich machen, sondern möglichst wenige unglücklich.

Eine Mutter, die sich intensiv mit Gewaltfreier Kommunikation beschäftigt und dazu arbeitet, machte uns auf eine besondere Methode aufmerksam: das systemische Konsensieren. In anderen Kitas hatte man diese Methode bereits in ein Bild übersetzt, mit dem Kinder gut umgehen können: den Igel.

Kinder kennen Igel: Wenn Gefahr droht, rollen sie sich ein, Stacheln nach außen. Dieses Bild eignet sich hervorragend, um Ablehnung auszudrücken.

Bei der Igel-Methode geht es darum, aus mehreren Optionen diejenige zu finden, gegen die es den geringsten Widerstand gibt.

Ein Beispiel: Jede Kita im Verbund darf einmal im Jahr ein Wunschessen bestimmen, das dann für alle Kita des Trägers gekocht wird – mit dem Verweis, es ist das Wunschessen der jeweiligen Kita.

Aber: Wie entscheidet eine Gemeinschaft von rund 80 Kindern und Erwachsenen, was wirklich viele mögen?

Mit Mehrheitsentscheid wäre es klar: Pizza oder Nudeln. Mit der Igel-Methode wurde es … spannender.

DIE IGEL-FRAGEN:

1.
Bei welchem Essen rollt sich dein innerer Igel ein?
—> viele Stacheln = starke Ablehnung

2.
Welches Essen würdest du essen, auch wenn es nicht dein Favorit ist?
—> ein Stachel

3.
Welches Essen magst du richtig gerne?
—> keine Stacheln

Damit entsteht nicht das Essen mit den meisten „Ja!“, sondern das Essen mit dem geringsten Widerstand.

Demokratie andersrum – und um einiges klüger.

DER PROZESS: VON EINZELNEN LEBENSMITTELN ZUM GROSSEN FINALE

Der gesamte Prozess vollzog sich über mehrere Wochen und durchlief mehrere Phasen:

Phase 1:

Was essen wir überhaupt gern? Welche Komponenten sind die wichtigsten?

Kinder sammelten zunächst Lieblingslebensmittel – nicht Gerichte, sondern Komponenten.

Manja: „Kinder sind in jungen Jahren oft Trennkoster. Das macht den Einstieg leichter. Sie mögen es ohnehin wenig, wenn alles zusammenkommt und verrührt ist.“

Also welche Komponenten sind die wichtigsten? Hier gab es noch eine klassische Abstimmung: Jedes Kind hatte drei Stimmen.

Es entstand eine riesige Liste: Kartoffel, Käse, Blumenkohl, Nudeln, Avocado… Aus dieser Liste der Lieblingslebensmittel wählten die Pädagog*innen nun die obersten drei, zwei aus der Mitte, drei von ganz hinten.

Phase 2:

Welche Lebensmittel passen zusammen? Aus Komponenten werden Gerichte.

Diese Auswahl legten sie als Bild in die Vitrine und baten nun Eltern und Kinder, Kombinationen aus diesen Lebensmittelkomponenten zu kreieren. Kategorie Haupt- und Nachspeise waren möglich. Kinder und Familien entwickelten zu Hause kleine Teller-Arrangements mit Beispielgerichten. Beschreibungen und Fotos kamen zurück in die Kita. Die Küche lernte dabei viel über Vorlieben, Gewohnheiten und Zubereitungsarten.

Phase 3: Jetzt wird geigelt!

Die Kinder betrachteten jedes Gericht und entschieden mit Igelstacheln:

- „Auf keinen Fall!“ (—> viele Stacheln)
- „Geht schon.“ (—> ein Stachel)
- „Mag ich!“ (—> kein Stachel)

Über mehrere Tage – begleitet von Fachkräften und Eltern – stimmten alle Kinder ab.

Es ging langsam, achtsam, mit viel Raum zum Nachdenken. Die Listen stellten sicher, dass niemand übersehen wurde.

„Wir wollten Begründungen hören – nicht nur Ja oder Nein.“

Phase 4: Die große Endabstimmung

Die drei Gerichte mit der geringsten Ablehnung traten gegeneinander an.

Am Ende gewann: Kloß mit Tomatensoße!

Nicht Lasagne, nicht Auflauf – sondern ein Essen, das fast niemand wirklich doof fand.

WAS HAT DAS TEAM DABEI GELERNT?

- Demokratie ist mehr als Abstimmen.
- Widerstände zählen. Nicht nur Wünsche.
- Begründungen machen Entscheidungen klüger.
- Man darf Nein sagen. Und dieses Nein hat Gewicht.
- Kinder können komplexe Entscheidungsprozesse tragen.
- Eltern werden zu echten Mitgestalter*innen.

Und: Essen erzählt viel über Zuhause. Über Rituale, Vorlieben, Gewohnheiten, Kochkultur.

WANN FUNKTIONIERT DIE IGEL-METHODE BESONDERS GUT?

- bei Gruppenentscheidungen mit mehreren Optionen
- wenn Bedürfnisse im Vordergrund stehen sollen
- wenn Entscheidungen tragfähig und nicht nur „schnell“ sein sollen

- wenn Kinder (oder Erwachsene) lernen sollen, den eigenen Widerstand zu spüren und auszudrücken
- bei allem, was Konfliktpotenzial hat: Ausflüge, Raumgestaltung, Regeln, Ruhephasen...

WANN IST SIE NICHT GEEIGNET?

- wenn es schnell gehen muss
- wenn es zu viele Optionen gibt und wenig Personal zur Begleitung
- wenn Kinder nicht individuell begleitet werden können
- wenn die emotionale Kapazität der Gruppe erschöpft ist

KURZ:

Kinder, die mit der Igel-Methode entscheiden, lernen:

- Ich werde gehört.
- Mein Nein bedeutet etwas.
- Wir finden gemeinsam Lösungen, die alle tragen.

WAS FINDEN KINDER UNGERECHT?

Marie Sander, Erzieherin und Leiterin der Kita St. Thomas in Berlin-Kreuzberg:

Ein paar Kinder fragte ich danach, und sie antworteten so:

Emil sagte: „Ungerecht ist, wenn Kinder ein anderes Kind ausschließen oder manchmal auch zwei."

Jona sagte: „Wenn ein Freund mit jemand anderem spielt."

Mika sagte: „Ich weiß nichts."

Ilay sagte: „Wenn Kinder Sachen kriegen und einer nicht."

Leon sagte: „Wenn einer schon mitspielen darf und dann nicht mehr."

Die fünf Jungen saßen beim Essen mit mir am Tisch. Das Thema beschäftigt sie gerade, weil die Gruppe sich veränderte. Einige Kinder waren zur Schule gekommen, ein paar neue Kinder kamen hinzu. Wer mitspielen darf und wer nicht, das muss nun wieder neu ausgehandelt werden, aber es ist darüber hinaus ein ganz grundsätzliches Thema.

Natürlich dürfen Kinder entscheiden, wer mitspielt und wer nicht. Wenn Erwachsene sich dabei einmischen, geht das meistens schief. Aber wenn ein Kind mitspielen darf und dann nicht mehr, weil jemand Interessanteres kommt oder jemand, der gut bestechen kann – das ist richtig hart. Dann frage ich, was los ist, und lasse es mir erklären. Immer gibt es Gründe dafür. Manchmal sind sie für mich nachvollziehbar, manchmal nicht. Ist der Konflikt nicht lösbar, versuche ich, das ausgeschlossene Kind zu trösten, oder sage: „Komm, wollen wir beide was zusammen spielen?" Und dann haben wir manchmal alle anderen Kinder an der Backe, weil sie bei uns mitspielen wollen.

Für die Kinder sind solche Dinge Lernprozesse. Wer soll dabei sein, wer nicht – das müssen sie sagen dürfen: „Ich will das aber allein machen oder nur mit meinem Freund." Ich habe mir vorgenommen, nicht immer gleich mit Lösungen herauszuplatzen, sondern zu fragen, nicht gleich zu intervenieren, sondern erst mal zu gucken, zuzuhören, aufmerksam zu sein.

Früher haben wir Kindergeburtstage immer mit allen Kindern in der Kita gefeiert. Jetzt feiern die Kinder mit denen, die sie einladen. Das ist mal nur ein Kind, mal sind es zwei, mal zehn Kinder. Die anderen sind dann nicht eingeladen, und das ist eine Art von Ausschluss, den sie aushalten müssen. Wir trösten sie, sagen aber nicht: „Jetzt lade dieses Kind mal auch ein, es ist sonst so traurig."

SÄTZE, DIE MAN

Text: Michael Fink

… im Kindergarten eher selten hört:

Hallo, ist da der Pappopito-Lieferdienst? Ich brauche unbedingt das Rezept für diese super schmackofatzo Milchnudeln!

Hey, Leute, am Dienstag sind wir wieder total überbesetzt. Würde jemand freiwillig auf den Frühdienst verzichten?

Toll, dass auch Sie eine hochqualifizierte Fachkraft sind, die gerne in unserem Team mitarbeiten möchte. Aber Sie stehen leider ganz hinten auf der Bewerber:innenliste.

Räbäää! Diese Queer–feministischen Gender-Ideologen wollten mich zwingen, mir rosa Mädchenklamotten anzuziehen und schwul zu werden. Danke, dass du mich gerettet hast, Onkel Höcke!

Eben fragten mich doch die Kinder, wann wir im Morgenkreis endlich die Wochentage üben. Oder mal ein Projekt zum Thema „Herbst" durchführen. Ich so: „Okay, könnte man machen, aber andere Themen sind erstmal wichtiger."

Sie können mich jederzeit anrufen, Frau Maurer, um mit mir über die undiagnostizierbare Hochsensibilität-Neurodivergenz von Sandra-Luisa zu reden, auch sehr gerne nach 22 Uhr oder vor 8.

Hey, Torben, das ist unfair! Ich hab als erster angemeldet, dass ich heute Leas Kackwindel wechseln darf.

Kostehäppchen? Was soll das sein? Jeder soll 'n Löffelvoll essen, um zu checken, ob ihm das Zeug doch schmeckt? Wie dumm. Never heard!

Apropos Gehaltsabrechnung: Weiß jemand irgendeine Organisation, die Spenden braucht? Ich fände es echt nicht nice, in den Spitzensteuersatz zu rutschen.

Beim Basteln der Tonpapiersonne mit Pfeifenputzerohren und Wackelaugen hat die Erzieherin meiner Tochter Laura, 1 Jahr, ein bisschen geholfen? Toll, auf die Idee wäre ich niiie gekommen!

Heike am Apparat. Wer spricht da? Aha, Sie sind von der Uni und forschen zum Thema „Stressbelastung im Beruf". Nee, da können wir Ihnen wirklich nicht weiterhelfen.

Krass! Durch die Beobachtung nach der Leuvener Engagiertheitsskala fällt es mir wie Schuppen von Augen: Der Jonas ist ja ein voll engagiertes Kind!

Am Anfang waren die Eltern ziemlich kritisch gegenüber meiner pädagogischen Arbeit. Aber mit meinen sauber ausgeschnittenen Fensterbildern konnte ich sie von mir überzeugen.

Also, diese neue Aktivrente vom Merz ist echt eine Wucht! Ich meine, bis 80 im Kindergarten bleiben – wie geil ist das denn?

Was ich am Wochenende mache? Ich gehe immer zum Spielplatz hinterm Haus und frage, ob ich jemanden auf der Schaukel anschubsen darf. Die Kids fehlen mir halt.

Was ich privat höre? Ziemlich gerne House, so Death Metal-Zeug und natürlich alles von Simone Sommerland.

Der Job könnte echt anstrengend sein – wenn die Eltern nicht wären.

So, endlich Feierabend! Erst eine gute Tasse Kaffee, zwei Kekse dazu – und dann geht's an das langersehnte Ausfüllen der zwölfseitigen Förderbedarfsfeststellungsantragsdokumente.

BESCHWEREN? ABER JA!

Warum Beschwerden ein Geschenk sind – für Kinder, Eltern und Teams

Ihr kennt das: Ein Kind beschwert sich – leise oder laut, vorsichtig oder wütend, mit Worten oder mit seinem ganzen Körper.
Viele Erwachsene denken dann: „Jetzt wird's schwierig …"

Aber eigentlich passiert in solchen Momenten etwas Großartiges:
Ein Kind nutzt sein Recht.

Kinder haben das Recht, sich zu beschweren. – Immer. Egal wie alt, egal wie weit entwickelt.

Und Erwachsene haben die Aufgabe, Räume zu schaffen, in denen Beschwerden willkommen sind – nicht als Störung, sondern als Beteiligung pur.

Eine Kita, die Kinderrechte ernst nimmt, bietet Beschwerdemöglichkeiten an. Nicht nur für Kinder, sondern auch für Eltern – und übrigens auch für Fachkräfte.

Denn Beschwerden schaffen Transparenz, schützen vor Übergriffen und blinden Flecken und ermöglichen Entwicklung.

Gerade bei jungen Kindern ist das Erkennen entscheidend.

Kinder beschweren sich ständig. Nur nennen sie es nicht so.

Sie sagen nicht: „Ich möchte mich beschweren."
Sie sagen: „Ich mag das nicht!" „Hör auf!" „A. hat mir den Ball weggenommen!"
„Ich will nicht, dass B. in meinem Essen rummanscht."

Und genau hier beginnt unsere Aufgabe: zu erkennen, dass all das Beschwerden sind – Signale, mit denen Kinder ihre Welt gestalten, schützen und mit uns aushandeln.

WARUM SIND BESCHWERDEN SO WICHTIG ?

1. Beteiligung braucht Beschwerdemöglichkeiten

Kinder dürfen sagen, was sie wollen, brauchen, ablehnen oder verändern wollen. Erst wenn sie das ausdrücken können – und wir es hören wollen – entsteht echte Beteiligung.

Ihr erlebt das täglich:
Ein Kind will nicht schlafen.
Ein Kind mag ein Essen nicht.
Ein Kind will nicht gewickelt werden.

Das sind nicht „Probleme".
Das sind Beschwerden, die zeigen:
„Ich habe eine Meinung zu meiner Welt."

2. Förderung geht nur, wenn Kinder sagen dürfen, was ihnen gut tut

Förderung heißt auch:
Kinder dürfen selbst mitbestimmen, was ihnen Ruhe, Spaß und Erholung gibt.

Ein Beispiel aus der Praxis:
Kinder beschweren sich über das Schlafen auf Matten. Ihr nehmt das ernst – und plötzlich entstehen Höhlen, andere Räume, draußen ruhen …

Ihr merkt: Es muss nicht für alle gleich sein.
Kinder können Erholung mitgestalten.

3. Schutz geht nur, wenn Beschwerden ernst genommen werden

Kinder haben das Recht auf Schutz vor Gewalt – körperlicher sowie seelischer.

Gewalt beginnt früher, als wir denken:
bei Beschämung, Bagatellisieren, Übergehen.

Eine Beschwerde ist oft das erste Warnsignal:
„Stopp, das fühlt sich für mich nicht gut an."

Wenn wir Beschwerden hören, verbalisieren, klären und Lösungen suchen, lernen Kinder: „Meine Grenze zählt." Und wir vermeiden Übergriffe – auch institutionelle.

WAS SIND EIGENTLICH BESCHWERDEN?

Kinder beschweren sich auf viele Arten – und nicht alle sind angenehm:

- anwaltlich (Kinder vertreten andere: „Alex hat Maya den Bagger weggenommen!" „Ich finde nicht gut, wie ihr meinen Freund behandelt!")
- ermöglichend (Ein Wunsch nach Veränderung: Ideen, Vorschläge, Verbesserungswünsche, „Wir sollten öfter in den Wald! gehen")
- verhindernd (Ein Stoppschild: Grenzen, Regeln, „Ich will das nicht!" „Nein!" „Hör auf!")

Und sie tun das mit Worten, Mimik, Wegdrehen, Weglaufen, Weinen, Schreien – oder mit Aggression. Beschwerden sind also vielfältig – wir müssen sie lesen, nicht bewerten.

NO-GOS – WAS MACHT BESCHWERDEN KAPUTT?

- Schuld zuweisen („Selbst schuld, wenn …")
- Bagatellisieren („Ist doch nicht so schlimm!")
- Lächerlich machen („Prinzesschen", „Weichei" …)

Alles davon verletzt Grenzen, senkt Selbstwert, verunsichert – und verhindert, dass Kinder sich trauen, sich zu beschweren.

WIE KÖNNTEN WIR BESCHWERDEN PROFESSIONELL BEGLEITEN?

1. Wahrnehmen und verbalisieren

„Du schreist gerade."
„Du läufst weg."
„Du willst nicht gewickelt werden, oder?"

2. Würdigen

„Das ist dir zu viel."
„Du zeigst mir, dass du das nicht möchtest."

3. Wunsch herausfinden

„Möchtest du lieber weiterspielen?"
„Brauchst du Ruhe?"

4. Handlungsrahmen erklären

„Die Straße ist gefährlich. Ich will dich sicher begleiten."

5. Lösung entwickeln

„Hast du eine Idee, wie wir das machen können?"
Lösungen sind dann am stabilsten, wenn sie von den Kindern kommen, für sie Sinn ergeben.

Wie junge Kinder sich beschweren

Sie zeigen Widerstand nicht nur mit einem lauten „NEIN", sondern auf viele feine Arten. Sie weinen, schreien, laufen weg, lassen sich fallen, machen sich schwer beim Anziehen, schlagen oder werfen – aber auch: sie ziehen leise die Hand weg, drehen den Kopf, frieren ein, tun so, als hörten sie nichts. Gerade die stillen Formen sind leicht zu übersehen.

Viele Kinder können ihre Grenzen noch nicht mit Worten ausdrücken. Manche wehren sich überhaupt nicht – auch dann nicht, wenn andere sie schubsen, bedrängen oder beschimpfen. Genau deshalb braucht es Erwachsene, die Widerstand als wichtiges Signal ernst nehmen.

Ein professioneller Umgang könnte so aussehen:

- Du **siehst** den Widerstand *(„Du ziehst deine Hand weg…")*.
- Du **benennst** ihn *(„…du willst das gerade nicht.")*.
- Du **fragst nach**, was dahintersteckt *(„Drückt die Jacke? Ist dir zu warm?")*.
- Du **erklärst** deinen Auftrag *(„Draußen ist es kalt, du brauchst etwas Warmes.")*.
- Ihr **sucht** gemeinsam eine Lösung *(andere Jacke, Mütze, kürzere Zeit draußen …)*.

So lernen Kinder: „Meine Signale werden wahrgenommen. Meine Meinung zählt. Und trotzdem gibt es einen sicheren Rahmen."

Unprofessionell ist es, Widerstand zu ignorieren, kleinzureden *(„Stell dich nicht so an")*, das Kind abzuwerten *(„Du bist immer so schwierig")* oder sich einfach abzuwenden.

Kurz gesagt: Widerstand ist kein Störfaktor, sondern ein wichtiger Teil von Autonomieentwicklung. Wenn Erwachsene ihn aufmerksam wahrnehmen, in Worte fassen und mit dem Kind nach Wegen suchen, wird aus „Theater" eine Lernchance – für das Kind und für die Beziehung.

AUCH ELTERN SOLLEN SICH BESCHWEREN DÜRFEN

Schon im Aufnahmegespräch sollte klar sein:
Beschwerden sind willkommen.

Sie sind Teil der Erziehungs- und Bildungspartnerschaft. Essen, Schlafen, Benachteiligung – alles darf angesprochen werden.

Genauso wie umgekehrt Fachkräfte Eltern frühzeitig informieren müssen, wenn ihnen etwas Sorge macht. Ein Beschwerdeprozess schützt Kinder, klärt Missverständnisse und stärkt Beziehungen.

PRAKTIKANT:INNEN = UNTERSCHÄTZTE SCHATZSUCHER:INNEN

Praktikant:innen sehen, was eingespielten Teams oft entgeht. — Sie sind nicht betriebsblind.
Sie bemerken Grenzüberschreitungen oder unfaire Abläufe.

Doch viele haben nicht den Mut, etwas zu sagen:
„Ich bin ja nur die Praktikantin ..."

In einer modernen Kita-Kultur müssen ihre Beobachtungen eingeladen, nicht abgewertet werden. Beschweren soll keine Mutprobe sein.

BESCHWERDEN IM TEAM – GRUNDLAGE FÜR PROFESSIONALITÄT

Wie wollen wir Kindern vermitteln, dass Beschwerden wichtig sind, wenn wir sie im Team sanktionieren?

Teams brauchen Räume, in denen Kritik sachlich und angstfrei möglich ist. – Nicht als Nestbeschmutzung, sondern als Qualitätsentwicklung.

Vorbild sein heißt auch:
Konflikte sichtbar und fair lösen.

PETZEREI? NEIN – POLITISCHE BILDUNG IM KLEINEN

Was viele Erwachsene „Petzen" nennen, ist oft eine Beschwerde im Sinne von Gerechtigkeitssinn:

„Er behandelt sie unfair."
„Ich will, dass du das weißt."
Das ist kein Ärger machen.
Das ist Zivilcourage im Kita-Format.

Fragen wir lieber:

„Worum geht es dir?"
„Was soll sich verändern?"
„Wie kann ich dich unterstützen?"

Eine Kita, in der Kinder sich beschweren dürfen, ist eine Kita, die:

- Grenzen schützt – auch eure.
- Beteiligung ermöglicht.
- Entwicklung fördert.
- Machtverhältnisse reflektiert.
- Vertrauen wachsen lässt.
- Fehlerfreundlich ist – für Kinder und Erwachsene.

Kinder, die sich ernst genommen fühlen, müssen weniger kämpfen. – Sie müssen weniger schreien. Sie müssen weniger „auffällig" sein.

Sie lernen: „Ich darf etwas sagen. — Und es wird gehört."

BESCHWERDEN SIND KEIN PROBLEM – SIE SIND EIN GESCHENK

Sie machen sichtbar:

- was Kindern wichtig ist
- was ihnen wehtut
- was sie brauchen
- was sie verändern wollen
- was im Team hakt
- was Familien bewegt

Beschwerden sind Beteiligung.
Beschwerden sind Schutz.
Beschwerden sind Beziehung.
Beschwerden sind Demokratie.

Die Frage ist nicht: „Beschweren Kinder sich zu viel?"

Sondern: „Hören wir gut genug hin?"

Foto: fotokomplizin / Photocase

3.

ICH WAR NOCH NIE DRAN!

Jetzt schon.

DAS TEAM ALS LEBENDIGER ORGANISMUS UND SICHERER HAFEN FÜR ALLE

Wie wächst ein Team, das einander wirklich sieht?

Stellt euch vor, euer Team wäre ein lebendiger Organismus: jedes Teil anders, jedes wichtig. Was passiert, wenn ihr euch nicht nur organisiert, sondern einander wirklich begegnet – mit Mitgefühl, Wertschätzung und Mut?

Und was verändert das: für jede einzelne Person, für die Kinder, die Familien – und für euch als Team? Wie kann so ein Miteinander entstehen? Barbara Leitner gibt Impulse aus ihrem neuen Buch (siehe Seite 47).

WIR ALLE WOLLEN GESEHEN UND GESCHÄTZT WERDEN

Stellt euch euer Team wie einen Körper vor: mit Kopf, Herz, Bauch, Händen, Füßen ...

Auch in unserem Körper gleicht kein Teil dem anderen. Und doch ist kein Organ wichtiger als das andere. Jedes funktioniert auf seine Weise richtig und wichtig. Erst zusammen halten sie uns lebendig. Unser Körper als Ganzes – und jedes einzelne Organ – verdient Respekt und Dankbarkeit.

So ähnlich verstehe ich pädagogische Teams. Es geht nicht darum, dass eine Person wichtiger, besser oder „richtiger“ ist als die andere. Und es geht auch nicht darum, dass ihr alle gleich denkt oder handelt. Sinnvoll ist etwas anderes: Platz für Individualität in einem gemeinsam gehaltenen, sicheren und vertrauensvollen Raum.

„Sobald es uns als Mitgliedern eines Teams gelingt, einander als Subjekte zu begegnen, ist auch die Entfaltung der in jedem Einzelnen wie auch der in der betreffenden Gemeinschaft angelegten Potenziale unvermeidbar“, schreibt Gerald Hüther (2018, S. 174) in seinem Buch Würde.

Kurz gesagt: Wo ihr euch einander wirklich als Menschen begegnet, wächst Entwicklung fast von allein.

WENN WERTSCHÄTZUNG FEHLT – WAS DAS MIT EUREM TEAM MACHT

Die amerikanische Sozialforscherin Brené Brown (2017) hat untersucht, unter welchen Bedingungen Menschen wertschätzende Beziehungen leben – und wann eben nicht. Ihre Beobachtung: Wenn Menschen sich nicht sicher sind, ob sie wirklich geschätzt werden, passiert oft Folgendes im Team:

- Sie hören einander weniger zu.
- Sie geraten in einen ständigen Wettlauf darum, wer besser ist.
- Sie unterstützen sich kaum.
- Und im Hintergrund wirkt die Angst: „Ich bin nicht gut genug.“

In Teams, in denen solche Dynamiken deutlich spürbar sind, wird es schwer, sich selbst und die gemeinsame Arbeit wirklich zu würdigen.

Dabei wäre genau das der Nährboden für Entwicklung: Erst wenn das, was ist, angenommen werden darf, steht wieder Kraft für Veränderung zur Verfügung.

„BLUMENGIESSEN“: WERTSCHÄTZEN IM ALLTAG

Wertschätzen im Team heißt: Wir nehmen die positiven, unterstützenden Verhaltensweisen der anderen bewusst wahr – und machen sichtbar, welchen Beitrag jede einzelne Person für unseren pädagogischen Auftrag leistet.

Thich Nhat Hanh betont: „Eine Gemeinschaft, die gegenseitiges Verstehen, Freundlichkeit und Güte praktiziert, ist vielleicht das Wichtigste, das wir für das Überleben auf Erden tun können“ (2022, S. 157 ff.). Ohne Freude, schreibt er, fehlt uns die Kraft, die Aufgaben dieser Zeit zu meistern.

Wir Menschen haben den tiefen Wunsch, mit dem, was wir können und beitragen, gesehen und geschätzt zu werden. Je nach Biografie wird dieser Wunsch von Aufregung, Angst, Wut oder Enttäuschung begleitet:

„Wird wirklich erkannt, was ich der Gemeinschaft schenken will?“

Ich bin überzeugt: Wenn wir uns als Mitglieder eines Teams selbst schätzen und einander mit Respekt und Wertschätzung begegnen, kann sich auch das weiterentwickeln, was bisher noch nicht gut gelingt – bei Einzelnen und im ganzen Team.

WERTSCHÄTZEN IM FLUSS VON GEBEN UND NEHMEN

Natürlich tut es gut, im Team ein schlichtes „Danke“ zu hören. Oder einen Satz wie: „Mir hat gefallen, wie ruhig du den Streit geschlichtet hast.“

Noch nährender wird Wertschätzung, wenn ihr von eurem eigenen Erleben erzählt: Was genau hat euch am Tun einer Kollegin oder eines Kollegen berührt, erleichtert, gestärkt? Welches Bedürfnis von euch wurde erfüllt?

Dann seid ihr mitten in der „Magie“ der Gewaltfreien Kommunikation:

- Ihr benennt, was jemand getan oder gesagt hat,
- sagt, wie es euch damit geht,
- und welches Bedürfnis dadurch berührt wurde.

So bringt ihr Wertschätzung in einen lebendigen Fluss von Geben und Nehmen und stärkt die Verbundenheit im Team.

Der Satz zur Streitschlichtung könnte zum Beispiel so klingen: „Es war für mich so erleichternd, dass du zu den streitenden Kindern gekommen bist. Ich fühlte mich in dem Moment hilflos. Als du dann mit deiner Intervention an meiner Seite warst, konnte ich durchatmen und anschließend wieder ganz da sein. Das tut gut.“

Wertschätzung schafft einen freundlichen Rahmen, in dem auch schwierige Verhaltensweisen angeschaut werden können – ohne Abwertung, dafür mit der Einladung, sich zu wandeln.

SEID IHR ALS TEAM REGULIERT ODER DAUER-GESTRESST?

Wie wir unser Team erleben und welche Kultur wir miteinander leben, hängt stark von unserer inneren Ausrichtung und Befindlichkeit ab. Und umgekehrt gilt:

Jede Person im Team beeinflusst mit ihrem Denken, Fühlen und Handeln, welches Team entsteht – mit seinem besonderen Teamgeist und seinen pädagogischen Möglichkeiten. Hier spielt unser autonomes Nervensystem eine große Rolle.

Als soziale Wesen braucht ihr einen sicheren Rahmen, um euch wirklich auf andere einlassen zu können. Ob ihr euch sicher fühlt, entscheidet euer Nervensystem. Es will Verbindung ermöglichen, Gefahren abwehren und euer Überleben sichern.

- Ist es reguliert, kann es mit Stress umgehen und wieder in Balance finden.
- Ist es dysreguliert, bleibt es im Dauer-Alarmzustand.

Das gilt nicht nur für einzelne Menschen, sondern – bildlich gesprochen – auch für Teams:

- In einem regulierten Team erleben sich die Mitglieder als geschätzt; sie vermitteln einander Sicherheit, Freiheit und Miteinander.
- In einem dysregulierten Team ist eher das Gegenteil der Fall: Kolleg:innen bekämpfen sich, ziehen sich zurück, funktionieren nur noch oder stolpern zwischen Kampf, Flucht und innerem „Einfrieren“ hin und her.

Die Folge: Beziehungen werden ungesund, abwertend, missgünstig – und jede Person entwickelt eigene, nicht immer hilfreiche Strategien zur Selbstregulation.

Foto: Nik Lev / unsplash

WENN ALTE MUSTER DAS TEAM STEUERN

Das autonome Nervensystem gibt uns in Gefahrensituationen gesunde Reaktionen: Fight, Flight, Freeze – kämpfen, fliehen, erstarren.

Im Laufe unseres Lebens werden diese Impulse oft zu verinnerlichten Mustern, die wir gar nicht mehr bemerken. Aus einer aktuellen Stressreaktion wird ein Teil der Persönlichkeit: Wir reagieren immer wieder auf ähnliche Weise, ohne es zu merken.

Andere sehen das oft früher als wir selbst. Darum kann wohlwollendes Feedback im Kolleg:innenkreis so kostbar sein – wenn es zum Lernen einlädt.

Zum Beispiel: „Fällt dir auf, dass du – egal, was jemand vorschlägt – erst mal Nein sagst? Was hältst du davon, nach einem Vorschlag kurz innezuhalten, zu spüren, welcher Impuls in dir auftaucht, und dann zu prüfen, ob er hier wirklich passend ist?"

Weil wir alle unterschiedliche Muster gelernt haben, erleben wir unsere Kita oder Schule und unser Team sehr verschieden:

- Manche fühlen sich sicher, wirken ausgeglichen, flexibel und finden nach schwierigen Situationen schnell in ihre innere Stabilität zurück.
- Andere sind schnell „an", reagieren gereizt, ängstlich, müde oder zerstreut, strengen sich an, alles richtig zu machen – und geben bei Problemen entweder sich selbst oder den anderen die Schuld.
- Wieder andere grübeln viel, haben Mühe, sich mitzuteilen und würden innerlich am liebsten wegrennen.
- Und dann gibt es diejenigen, die erschöpft und überfordert sind, sich nicht wirklich als Teil des Teams fühlen, sich isoliert erleben und kaum um Hilfe bitten können.

All diese Verhaltensweisen sind Hinweise auf den Zustand des Nervensystems – und zunächst einmal normale Schutzstrategien.

Beispiel: Jemand besteht beharrlich auf seiner Meinung, versucht sich durchzusetzen und schaut dabei wenig nach links oder rechts. Hinter dieser Aggression kann ein wichtiges Anliegen stecken. Wird das nicht wahrgenommen, schlägt die Wut leicht in Machtlosigkeit um:
„Es bringt ja alles nichts."

Die Folge: Rückzug, Resignation, innerer Ausstieg.
Oder: Fachkräfte werden still, ziehen sich zurück, sagen nichts mehr – auch das ist eine unbewusste Schutzstrategie.

Schwierig wird es, wenn solche Muster dazu führen, dass wir im Team die Verbundenheit nicht mehr sehen:

- Es geht nur noch darum, wer „gewinnt" oder Recht behält.
- In Teamsitzungen reden wenige, der Rest sitzt wie Publikum dabei.
- Entscheidungen werden getroffen, die nicht von allen getragen werden – und für die sich später auch nicht alle einsetzen.

Steigt die Belastung, wächst das Gefühl innerer Bedrohung. Die gebundene Energie will eigentlich ins Fließen kommen. Dafür bräuchte es: wahrnehmen, zuhören, Situa-

tionen verändern. Erst dann kann ein Team als Ganzes wieder in einen regulierten Zustand finden.

WENN TEAMKULTUR ALTE MUSTER VERSTÄRKT

Besonders heikel wird es, wenn ungünstige Muster durch die Teamkultur verstärkt werden. Aus meiner Sicht geschieht das vor allem dann, wenn es wenig Fürsorge für euch als Fachkräfte und wenig Bewusstsein für die Art des Miteinanders gibt.

Dann dominiert: Der Laden muss laufen.

Oft heißt das:
- immer mehr Anforderungen,
- steigender Handlungsdruck,
- Denken und Entscheiden fast nur noch mit dem „Verstandeshirn“,
- ein Alltag voller „Müssen“,
- wenig Raum für das Wissen, die Erfahrungen und die Gefühle der Einzelnen.

Die Energie eures Teams fließt dann nicht im breiten, gemeinsamen Strom, sondern versickert in Nebenflüssen und Sümpfen: unausgesprochene Erwartungen, Unklarheit über Vorgehensweisen, konkurrierendes Handeln – auch im Kontakt mit den Kindern –, wenig Offenheit, Überlastung zu benennen, und kaum Bereitschaft, wirklich zuzuhören.

Folgen:
- Es fehlt die gemeinsame Kraft, angemessene Antworten auf die Herausforderungen zu finden.
- Alles wird anstrengender.
- Konflikte spitzen sich zu.
- Kein Wunder, dass dann irgendwann der Satz fällt: „Ich halte das nicht mehr aus!“

In solch einer Atmosphäre mangelnder Wertschätzung und Verbundenheit ist es enorm schwer, Dinge anzusprechen – egal, ob es um Organisation, Kinderbesprechungen, Gewalt von Fachkräften gegenüber Kindern oder andere heikle Themen geht.

Jedes dieser Themen würde unsere Nervensysteme im Team zusätzlich aktivieren. Um das auszuhalten, bräuchte es gleichzeitig viel Vertrauen und haltende Kräfte – und beides fehlt.

Die Folge: Es wird geschwiegen, wo eigentlich ein klares, ehrliches Wort nötig wäre. Und es läuft weiter wie bisher.

GEFÜHLE ALS WEGWEISER IM TEAM

Wenn sich euer Alltag verändert – durch herausfordernde Kinder, Personalmangel oder neue Vorgaben vom Träger –, gerät das Gewohnte ins Wanken. Das verunsichert.

In solchen Situationen sind Gefühle wie Wut, Verzweiflung, Angst, Irritation, Überforderung, Erschöpfung – oder im besten Fall Freude und Dankbarkeit – gesunde Signale. Sie wollen euch helfen, die passende Energie zu mobilisieren: kämpfen, fliehen, innehalten oder Neues wagen.

Doch oft erlaubt ihr euch nicht, diese Impulse zu spüren. Ihr funktioniert weiter – und verpasst die Chance, wieder in einen lebendigen Einklang mit dem Leben zu kommen.

Die Energie verschwindet dadurch nicht. Sie staut sich an. Es entsteht ein Gemisch aus vielen ungelösten Gefühlen, das schwer über eurem Team liegt. Kolleg:innen sehen dann kaum noch das Gute, fühlen sich chronisch überlastet und nehmen den Alltag vor allem durch die „Zu-viel"-Brille wahr.

Aus Sicht des Nervensystems ist das verständlich:

Nicht gelebte Kampf- und Fluchtimpulse werden zu gebundener Energie. Wenn das Fass überläuft, geht nichts mehr.

Dabei gilt: Ärger, Wut, Müdigkeit, Erschöpfung – das alles sind gesunde Reaktionen auf Belastung.

Eigentlich bräuchte es Momente, in denen ihr als Team:
- Luft holt,
- anerkennt: „Gerade ist es viel",
- fühlt, was da ist,
- die Bedürfnisse dahinter wahrnehmt.

Ihr braucht sichere, haltende, ressourcenorientierte Räume, um Frust und Unzufriedenheit zu entladen. Doch genau daran mangelt es häufig.

Ihr braucht die Erfahrung: Hier geht es auch um uns.

Viele Fachkräfte berichten, wie entlastend es ist, wenn sie sich jemandem anvertrauen können – mit ihrer Not. Für dieses menschliche Bedürfnis nach Gehört- und Gesehenwerden sollten Teams unbedingt einen sicheren Rahmen schaffen.

Dann wird es leichter, sich zu zeigen. Und je normaler es wird, Gefühlen Raum zu geben und die Bedürfnisse dahinter ernst zu nehmen, desto eher können konstruktive Umgangsweisen entstehen.

Gebundene Energie darf sich entladen – und Kraft kehrt zurück.

GEMEINSAME BEDÜRFNISSE ALS MOTOR FÜR TEAMENTWICKLUNG

In vielen Teams gibt es die Angst: „Wenn wir aussprechen, was im Miteinander schwierig ist, bleiben wir im Problem stecken und schaffen die Arbeit erst recht nicht."

Tatsächlich passiert es in der Alltagskommunikation oft, dass ihr „nur" euren Frust abladet und auf Mangel hinweist. Robert Gonzales (2023, S. 18) betont:

Wenn ich mich innerlich auf den Mangel ausrichte, kommuniziere ich die Energie, dass etwas falsch ist und mir etwas fehlt. – Das hilft niemandem.

Um eine andere Erfahrung zu machen, braucht es Mut:
- Mut, ehrlich zu sagen, was euch in der Zusammenarbeit kostbar ist.
- Mut, zu zeigen, was in euch immer wieder Ärger, Überforderung oder andere starke Gefühle auslöst.

Marshall Rosenberg (1982) schlägt für die GFK vor, „die Wahrheit über mich selbst" so auszudrücken, dass sie mitfühlende Reaktionen einlädt.

Dazu gehören:
- beschreiben, was ihr beobachtet – in Handlungssprache,
- ehrlich sagen, wie ihr euch fühlt,
- benennen, welche Werte oder Bedürfnisse hinter euren Gefühlen stehen,
- in positiver, konkreter Sprache um Fürsorge bitten.

Es geht darum, eure innere Wahrheit auszusprechen: „In mir löst das ... etwas aus. Dann spüre ich im Körper ... und sehne mich so sehr nach ..."

Was ist eure tiefste Sehnsucht? Und was könnten die anderen konkret tun, damit diese Sehnsucht ein Stück weit Wirklichkeit wird?

Wenn ihr eure Not ernst nehmt und gut für euch sorgt, könnt ihr mit weicheren Worten sprechen. Mit einem „weichen Herzen". Und dann wird sichtbar: Euch gegenüber sitzen Menschen mit eigenen Sehnsüchten – auch wenn sie Dinge tun, die euch nicht gefallen.

Ihr werdet sie mitdenken, wirklich von einem Ich zu einem Ihr sprechen – und eher das Herz der anderen erreichen.

WELCHE ART VON TEAM WOLLT IHR SEIN?

Teamklarheit ist kostbar. Fragt euch gemeinsam:
- Was für eine Gemeinschaft wollen wir sein?
- Welche Bedürfnisse haben im Team Vorrang?
- Wollen wir ein Team sein, das achtsam miteinander arbeitet, um achtsam mit Kindern leben zu können?
- Oder steht bei uns Humor und Leichtigkeit im Mittelpunkt?

Als Team lohnt es sich, gemeinsam zu fühlen, wie es ist, zu solch einer Gemeinschaft zu gehören – und anzuerkennen: In Ansätzen sind wir das schon.

Allein diese Vorstellung hat Kraft.
Ihr kultiviert eure gemeinsame Ausrichtung, indem ihr:

- euch klar macht, welche Bedürfnisse euch leiten,
- schaut, welche Denk- und Verhaltensweisen zu diesem Team passen,
- und ausprobiert, welche Strategien euch dorthin führen.
- Mit dieser klaren Orientierung auf Bedürfnisse und Fülle kommen Ideen auf, die im Stress des Alltags nie auftauchen würden.

Deshalb braucht auch euer Team immer wieder Momente von:

- Innehalten,
- Selbstverbindung,
- (Selbst-)Mitgefühl.

Die Erfahrung, dass Teams sich über ihre Bedürfnisse regulieren und führen können, nährt meine Hoffnung: Auch unter schwierigen Bedingungen ist kooperatives Zusammenwirken möglich – und damit echter Wandel.

Quellen:

Brown, B. (2017): Verletzlichkeit macht stark. München: Goldmann.

Gonzales, R. (2023): Die Spiritualität der Gewaltfreien Kommunikation. Ein Kurs in Living Compassion. Eigenverlag von Ruth Joy.

Hüther, G. (2018): Würde. Was uns stark macht – als Einzelne und als Gesellschaft. München: Knaus.

Rosenberg, M. (1982): Unveröffentlichtes Arbeitsblatt: Ein Modell für gewaltfreie Kommunikation.

Thich Nhat Hanh (2022): Zen und die Kunst, die Welt zu retten. Heilung und Harmonie für uns selbst und die Erde. München: Lotos Verlag.

Barbara Leitner arbeitet in Berlin als Prozessbegleiterin, Trainerin und Coach. Seit 2016 ist sie zertifizierte GFK-Trainerin. Seit 2023 beschäftigt sie sich mit dem Basiskonzept zur Traumaheilung Somatic Experiencing (SE) und ist SE-Practioner. 2025 erhielt sie das Zertifikat als EmotionalAid (EA)®-Facilitator.
Sie unterstützt Einzelne, Teams und Organisationen dabei, Werkzeuge für Stressregulation und Selbstfürsorge zu entwickeln – damit sie auch in herausfordernden Situationen gesund bleiben können.

Kontakt: leitnerbar@web.de
Mehr Informationen: www.gfk-in-kita-und-schule.de und www.barbaraleitner.de

Barbara Leitner
Wege zu mehr Gewaltfreiheit
Anregungen für die pädagogische Praxis in Kita und Schule
250 Seiten, erscheint am 14. 3. 2026 bei Junfermann
ISBN 978-3-7495-0693-4
30,– Euro

Wir lehren immer das, was wir selbst am meisten lernen müssen. (Peter Levine)

Mehr Gewaltfreiheit im Alltag. Geht das überhaupt? Wie verbunden wir mit uns selbst? Statt nur zu funktionieren und uns zu überfordern: Können wir innehalten, uns regulieren und mit uns selbst mitfühlend sein?
Auf dieser Basis entstehen Beziehungen – im Team und zu den Kindern.

Für Barbara Leitner sind Selbstmitgefühl und Selbstregulation, also die Verbindung mit sich selbst, die Grundlage allen pädagogischen Handelns.

Das Wissen über das autonome Nervensystem hilft dabei zu spüren: In welchem „Modus" bin ich gerade – ist das Kind, ist unser Team? Und: Was brauchen wir jetzt?

Mehr Gewaltfreiheit leben wir, wenn wir eigene, oft hinderliche, unbewusste Muster erkennen, unsere Gefühle wirklich fühlen und uns an den universellen menschlichen Bedürfnissen orientieren. So können wir – Fachkräfte in Kita und Schule … – authentisch und präsent – freundliche, nährende Beziehungen leben. Und Schritt für Schritt die Veränderung im Bildungssystem werden, die wir uns selbst wünschen.

GLEICHHEIT ODER GERECHTIGKEIT?

Warum sind wir, wie wir sind? Und warum stoßen wir damit nicht nur auf Gegenliebe? Erinnerungen an missliche Situationen, Erkenntnisse über Verhaltensweisen, Erfahrungen mit Lösungsmöglichkeiten und Umsetzungstipps – Aline Kramer-Pleßke, Supervisorin und Coach, möchte dazu beitragen, dass wir unsere Potenziale entdecken, unsere Ressourcen stärken, emotionale Entlastung finden und souveräner handeln können.

ERINNERUNGEN

Mit der Gerechtigkeit ist das so eine Sache. Zum Beispiel gaben sich meine Eltern große Mühe, damit es in der Familie fair zugeht. Bei vier Kindern war das nicht leicht. Obwohl gut und ausreichend gekocht wurde, saß der Futterneid immer mit am Tisch, machte riesengroße Augen und war sofort gekränkt, wenn jemand einen Happen mehr hatte. Später durften unsere kleinen Geschwister genauso lange aufbleiben wie wir Großen. Das fanden wir ungerecht.

Schlimm war es bei Radtouren mit der Klasse. Ich war eine lahme Ente und immer hintendran. Natürlich gab es Stellen, an denen die anderen auf mich warteten. Wenn ich mit hochrotem Kopf ankam, ging es weiter. Keine Pause für mich. Das endete mit Tränen und völliger Überforderung.

Auch an die Mannschaftswahl im Sportunterricht erinnere ich mich noch. Wählen durften immer die besonders guten Sportler. Die anderen waren bange, wann und von wem sie in die Mannschaft gewählt wurden. Letzter zu sein war ziemlich mies. „Na gut, dann nehmen wir die auch noch", wurde augenrollend gemault.

Wie machen Sie das in Ihrer Arbeit? Fürchten Sie sich vielleicht auch vor ungleicher Behandlung? Was ist dann mit der Individualität? Kann man eigentlich immer gerecht und fair sein? Was wäre dabei zu beachten?

ERFAHRUNGEN

Vor einiger Zeit kam ein Leitungsteam zur Supervision. Auf Wunsch der Mitglieder nahm die oberste Leitung in gewissen Abständen teil.

Das Team beschrieb sich als solidarisch und wertschätzend. Die Atmosphäre war freundlich, fast familiär. Und doch brodelte es unter der Oberfläche. Das Arbeitsaufkommen war hoch, längere Krankheitsphasen machten allen zu schaffen.

In dieser Zeit übernahm eine Leiterin – nennen wir sie Clara – viele zusätzliche Aufgaben. Sie koordinierte Abläufe, sprang bei Ausfällen ein, schrieb Konzepte, organisierte Fortbildungen. Nicht, weil man es von ihr verlangte, sondern weil sie sah, was zu tun war, es konnte und auch wollte. Sie war engagiert, klug und strukturiert. Das Team schätzte sie sehr, nahm ihr Engagement stillschweigend an und setzte es irgendwann sogar voraus.

In einer Supervision mit der Leitung ging es um die Verteilung von Ressourcen, um das Fortbildungsbudget, um Gehaltserhöhungen, Prämien und freie Tage. Dabei wurde betont, dass „alle gleich behandelt" werden müssen. „Wir wollen keine Unterschiede machen, das wäre unfair", hieß es. Clara saß still dabei. Ich sah, wie sich ihre Haltung veränderte. Sie war nicht wütend, aber verletzt. Also fragte ich das Team: „Was ist Ihnen wichtiger? Gleichheit oder Gerechtigkeit?" Große Augen. Verwundert sagte jemand: „Gibt es da einen Unterschied?"

Foto: Gregoire Jeanneau / unsplash

Ich versuchte eine Erklärung, ungefähr so: „Vor dem Gesetz sind alle Menschen gleich. Aber die Realität sieht oft anders aus, das wissen Sie. Armut, Arbeitslosigkeit und mangelnde Bildung sorgen für deutlich schlechtere Chancen im Leben, obwohl alle Menschen den gleichen Wert und die gleiche Würde haben, unabhängig von ihrem Aussehen oder ihrer Herkunft. Diese Prinzipien sind im Grundgesetz verankert. Und zwar in Artikel 3. Das Gesetz schützt uns gegen jede Form von Diskriminierung."

Eine Kollegin sagte: „Das ist sehr wichtig. Und deshalb sollten alle auch das Gleiche bekommen. Ganz gerecht aufgeteilt."

„Unabhängig vom Arbeitsbeitrag? Ist das denn fair?" fragte Clara, hielt kurz inne und erklärte dann: „Ich fühle mich mit meinem Einsatz nicht gesehen. Ausgerechnet im Namen der Gerechtigkeit wird meine Leistung nicht gewürdigt. Gerechtigkeit bedeute doch, dass Unterschiede anerkannt werden. Nicht, um zu bewerten, sondern um zu würdigen."

Es wurde still. Da sagte jemand: „Vielleicht haben wir Gleichheit mit Gerechtigkeit verwechselt."

Diese Erkenntnis war ein Wendepunkt. Wir sprachen über individuelle Bedürfnisse, über unausgesprochene Erwartungen und über die Angst, durch Differenzierung Konflikte auszulösen. Doch genau das Gegenteil war der Fall: Die Kolleginnen bedankten sich bei Clara, die Situation entspannte sich, die Ressourcen wurden differenzierter und zur Zufriedenheit aller aufgeteilt. Niemand fühlte sich benachteiligt.

Gerechtigkeit ist kein mathematisches Prinzip. Sie ist ein Beziehungsgeschehen, das Differenzierung, die Anerkennung von Vielfalt und individuelle Würdigung erfordert.

Gerechtigkeit ist ein großes Wort, klingt nach Regeln, nach Gleichheit, nach Ordnung. Doch was passiert, wenn wir dieses Wort mit unserer eigenen Geschichte verbinden? Mit unseren Bedürfnissen, unseren Erfahrungen, unserer Sicht auf die Welt? In meiner Arbeit erlebe ich oft, dass Menschen sehr unterschiedliche Vorstellungen davon haben, was gerecht ist. Für die eine Person bedeutet es, dass alle das Gleiche bekommen. Für die andere, dass jeder das bekommt, was er braucht. Und manchmal ist beides gleichzeitig wahr oder eben auch nicht.

Ich möchte Sie zu einem Experiment einladen. Es ist leicht, aber nicht banal, braucht Offenheit, Neugier und ein bisschen Mut.

Aline Kramer-Pleßke arbeitet als Coach und Supervisorin für Leitungskräfte, Fachberater* innen und Teams in Berlin, Brandenburg oder Online.
Kontakt: Beratungspraxis
Wolfshagener Straße 73, 13187 Berlin
E-Mail: info@alinekramer.de
Internet: www.alinekramer.de und www.perspektiven-coaching-berlin.de

EXPERIMENT

Gerechtigkeit entsteht nicht im luftleeren Raum. Sie lebt von Beziehung, vom Kontext, von der Bereitschaft, sich selbst und andere Menschen ernst zu nehmen.
Oft glauben wir, wir müssten uns anpassen, obwohl es hilfreicher wäre, uns so zu zeigen, wie wir sind – nämlich unterschiedlich. Für mich bedeutet Solidarität nicht, Unterschiede zu ignorieren, sondern sie zu würdigen und sich vielleicht genau deshalb füreinander einzusetzen.

PROBIEREN SIE IM TEAM FOLGENDES EXPERIMENT AUS:

1. Erinnerung aufschreiben

Denken Sie an eine Situation, in der Sie das Gefühl hatten: Das ist unfair!
Schreiben Sie auf, was passiert war. Wer war beteiligt? Was hatte Sie verletzt oder irritiert?

2. Bedürfnis erkennen

Fragen Sie sich: Was hätte ich gebraucht, damit es sich gerecht anfühlt?
Vielleicht war es Anerkennung, vielleicht ein Ausgleich, vielleicht einfach ein ehrliches Gespräch.

3. Perspektive tauschen

Geben Sie Ihre Notiz (anonym oder offen) an eine andere Person weiter, die sie liest und folgende Frage beantwortet: Was könnte Solidarität in dieser Situation bedeuten?

4. Austausch und Reflexion

Kommen Sie miteinander ins Gespräch: Was hat überrascht? Was war schwer? Was hat berührt? Was nehmen Sie konkret mit?

Mit Sicherheit entdecken Sie verschiedene Sichtweisen, merken aber:
Es ist wohltuend, wenn jemand versucht, Ihre Perspektive zu verstehen.
Und möglicherweise entsteht daraus ein neues Verständnis von Gerechtigkeit.

EIN NEUES KAPITEL FÜR DIE FRÜHE BILDUNG IN SACHSEN-ANHALT

Bildung elementar 2025

... ist Einladung und Orientierung zugleich: für eine Pädagogik, die zuhört, begleitet, inspiriert – und Kinderrechte täglich erlebbar macht.

NEU

Das Bildungsprogramm 2025 bringt Klarheit, Tiefe und neue Impulse in den pädagogischen Alltag.

Es ist ein Werkzeug für Qualität, ein Kompass für Orientierung – und eine Einladung, Bildung von Anfang an lebendig zu gestalten.

Eine Bildung, in der Kinderrechte nicht nur formuliert, sondern im Alltag spürbar gelebt werden. Demokratische Grundhaltungen finden im Kinderkreis ebenso ihren Platz wie beim Mittagessen oder im freien Spiel.

Übergänge – sei es in den Kindergarten, in die Schule oder innerhalb der Einrichtung – werden aufmerksam und kindgerecht gestaltet. Nachhaltigkeit und digitale Medien gehören selbstverständlich zu den Bildungsräumen – stets mit dem Blick auf das Wesentliche: die Kinder und ihre Potenziale.

Das Programm setzt ein deutliches Zeichen: Vielfalt wird als Stärke verstanden, Beteiligung als Prinzip von Bildung, Beziehung als Fundament gelingender Entwicklung. Es verbindet praxisnahe Leitlinien mit innovativen Bildungsansätzen und bietet eine verlässliche Grundlage für eine Pädagogik, die mitdenkt, mitfühlt und mitgestaltet.

Ein modernes Bildungsverständnis, das Vertrauen fördert, Selbstwirksamkeit stärkt und Räume für Entwicklung öffnet – für Kinder, für Fachkräfte, für eine zukunftsfähige Gesellschaft.

Bildung: elementar — Bildung von Anfang an Fortschreibung 2025
Ministerium für Arbeit, Soziales, Gesundheit und Gleichstellung des Landes Sachsen-Anhalt
292 Seiten, mit Fotos, 1. Auflage 2025
22,– Euro
ISBN 978-3-96791-027-8

Bezug: wamiki.de/shop

SPIELT GERICHT!

Gern spielen Kinder Polizei und verhaften einander wegen diverser Regelverstöße – aber wer ermittelt eigentlich in gründlichen Verhandlungen, wogegen Piraten verstoßen und warum die eitle Prinzessin mal einen Dämpfer brauchte? Stellt im Rollenspiel-Raum ein Richterpult auf und inspiriert die Kinder, Prozesse zu führen: Plüscheule gegen Stoffmaus, Hausschwein gegen Metzger, Baum gegen Bagger…

ERKUNDET DIE STADT!

Findet heraus, wie gerecht es beim Wohnen zugeht. Hier bei uns in der Einfamilienhaus-Siedlung ist alles schnuckelig und gepflegt. Drüben im Hochhaus-Ghetto eher nicht. Ist das fair? Ergründet die ewige Kinderfrage: Hatte ich einfach Glück, in die richtige Welt geboren worden zu sein?

EINLADUNG ZUM FAIR PLAY

Über Ungerechtigkeit muss man im Kinderkreis reden, weil „die anderen uns immer was wegnehmen. Nee, umgekehrt, weil wir denen…"

Oder man inspiriert spielerische Auseinandersetzungen über Momente im Alltag, in denen es Ungerechtigkeit gibt, um mit Kindern zu erforschen: Geht das auch fair?

Text: Michael Fink

ERFORSCHT, WER AN SÜSSIGKEITEN VERDIENT!

Schokolade ist schon wieder teurer. Sind die Kakao-Bauern zu gierig? Erkundet, woher Lieblings-Leckereien der Kinder stammen, wer dafür wie viel arbeitet und wer daran wie viel verdient.

SAMMELT GELD!

Lasst Kinder erleben, dass es gut tut, ärmeren Menschen etwas zu geben. Überlegt, wer Geld oder gute Lebensmittel gebrauchen könnte. Stellt euch mit einer Sammelbüchse, vielleicht sogar als Kita-Orchester, auf den Marktplatz und kommt mit Vorübergehenden ins Gespräch, die sagen: „Finde ich gut, was ihr macht.“ Oder auch: „Was soll der Quatsch?“

SUCHT NACH GERECHTIGKEITS-HELDEN!

Manche Menschen regten sich so über Ungerechtigkeit auf, dass sie irgendwann beschlossen, dagegen zu kämpfen. Ein Gefühl, das viele Kinder nachvollziehen können. Lest Kinderbücher über Heldinnen und Helden. Findet heraus, ob es in eurer Gegend Leute gibt, die sich für mehr Gerechtigkeit einsetzen. Fragt sie, ob sie euch im Kinderkreis erzählen würden, warum sie das tun und was sie dabei erleben.

UTE WILL 'NE QUOTE

Auf diesen Seiten geht es um eine Situation, die man aus verschiedenen Perspektiven betrachten kann. Was ist Deine Perspektive?

Und was sagt Dein Team?

Text: Michael Fink

„ENDLICH GEHT 'S MAL EINE AN", FREUT SICH SUSAN.

Guter Vorschlag, Ute! Das ist auch so ein Thema, das Eltern wie Erzieherinnen auf die Palme bringt, weil alle das Problem kennen und keiner was tut. Bei der Weiterbildung vorige Woche hab ich die Referentin, so eine Anti-BIAS-Tante, gefragt, wie man denn wertschätzend mit Kindern und Eltern kommuniziert, die alle kaum deutsch sprechen. Wie die da abging! Es käme auf die pädagogische Haltung an, Migration und Vielfalt als Chance, kultursensibles Arbeiten... Wenn du konkret fragst, was du mit Kindern machst, die nichts verstehen und deren Eltern du nicht erreichst, wenn du Fördermaßnahmen vorschlagen willst – keine Antwort.

Als eine Kollegin fragte, was man dagegen tun soll, wenn sich vor lauter kultureller Vielfalt die letzten biodeutschen Eltern auch noch abmelden, wurde schnell das Thema gewechselt. Also, ich bin für die Obergrenzen, weil: Ohne schaffen wir das nicht.

„RECHTSBRUCH ODER RECHTSRUCK?" FRAGT ROVAN.

Aha, jetzt sortieren wir Kinder wieder nach Herkunft! Sorry, Susan, aber mich kotzt das so was von an. Vor zehn Jahren hatten wir noch mehr Bewerber als Plätze, und wonach haben wir die Plätze damals vergeben? Nach Engagement der Eltern, nach sozialem Bedarf, nach Empfehlung durch andere Familien oder Wartezeit. Und 2025, in Zeiten des Rechtsrucks? Einfach erst mal den Migrations-Check machen. Besonders peinlich finde ich, dass du nach Vornamen zu schauen scheinst, Nele. Nach dem Motto: Wenn das Kind Banin heißt, kann es kein Wort Deutsch.

Ob ich einen besseren Vorschlag hab, um für ausgewogene Gruppen zu sorgen? Ja. Einfach Plätze nach Anmeldedatum oder Los vergeben. Denn alle Menschen sind verschieden, egal, wo sie herkommen und welcher Ethnie sie angehören. Jedem die gleiche Chance!

Nele sieht die Namen auf der Warteliste durch: Muhammed, Taifun, Edessa, Banin… Nur eine einzige Marie-Luise ist dabei. „Klar, dass die einen Platz sicher hat", sagt Leiterin Ute.

„Noch besser wäre, wenn sie eine Freundin aus ihrem kulturellen Umfeld hätte, die auch zu uns kommen könnte. Ist zwar nicht das Prinzip der Warteliste, aber neulich hat ja sogar die Bildungsministerin laut überlegt, ob man nicht eine Kita-Migrations-Obergrenze braucht."

„VIELFALT MIT QUOTE", FORDERT VIOLA.

Durchatmen, Rovan, und dann Nachdenken. Jedem die gleiche Chance, das klingt supertoll. Ist das Chancengleichheit, wenn Marie-Charlotte in Schnöselsdorf auf lauter Emilias und Eliasse trifft, deren Eltern die Kinder mit Windeln in die Oper schleppen – und Taifun bei uns auf Kinder mit den gleichen sprachlichen Herausforderungen?

Sorry, aber wenn du so ein Mega-Sozialist wärst, dann würdest du einsehen: Chancengleichheit bedeutet nicht, dass man das, was schiefläuft, einfach weiterlaufen lässt. Ich bin dafür, dass alle Kinder in den Genuss kommen, Vielfalt zu erleben. Und das garantiert die Quote!

„KEINE EXPERIMENTE MIT KINDERN", WARNT KONRAD.

Ok, Viola, das klingt ja nice. Damit nicht Biodeutsche nur auf Biodeutsche und Migrantenkinder nur auf Migrantenkinder treffen, soll also ein Teil der Kinder morgens mit dem Bus nach Schnöselsdorf fahren, und ein paar von dort werden dafür zu uns chauffiert, ja?

Ob deren Eltern das wohl mitmachen oder gleich den Anwalt bemühen? Und: Ist es nicht ungerecht, wenn die Kids aus unserem Bezirk bei uns keine Freunde haben, weil sie eine Kita am anderen Ende der Stadt besuchen? Außerdem finden sie dort vermutlich kaum Freunde, weil die Schnöselsdorfer Eltern was dagegen haben.

Ich will nur sagen: Ihr schlagt da ein spannendes soziales Experiment vor, dessen Ausgang wir alle nicht kennen. Dabei dürfte doch klar sein: Mit Menschen, erst recht mit Kindern, macht man keine Experimente.

Wie seht Ihr die Sache?

WAS MIT KNÖPFEN

Text und Fotos:
Dagmar Arzenbacher

Zungen-brecher

Klaus Knopf liebt Knödel, Klöße, Klopse – Klopse, Klöße, Knödel liebt Klaus Knopf.

K n ö p f e

sind eine praktische Erfindung.

Warum?
Weil man damit Kleidungsstücke verschließen und verzieren kann.

Woraus bestehen Knöpfe?
Knöpfe bestehen aus Leder, Perlmutt. Messing, Glas, Plastik, Horn, Holz, Stoff, Kokosnuss, Silber oder Gold.

Seit wann gibt es Knöpfe?
Knöpfe gab es schon in der Antike. Seit dem Mittelalter gibt es den Ösenknopf.

Was kann man mit Knöpfen machen?
Wenn man sie nicht zum Zuknöpfen braucht, kann man damit spielen, sie sammeln, sie nach Farben, Größe und Materialien sortieren und tauschen, damit rechnen, sie stapeln oder Knopfgeschichten erfinden.

Was gibt es für Knöpfe?
Es gibt Wäscheknöpfe, Manschettenknöpfe, Trachtenknöpfe, Zierknöpfe, Hemdknöpfe, Münz- und Talerknöpfe, Ersatzknöpfe und Knöpfli.

Was Ihr Euch mit Knöpfen ausgedacht und fotografiert habt, schickt Ihr an:

juhu@wamiki.de

RICHTIG SCHÖN UNFAIR:

MIT GOLDENEN DECKELCHEN BAUEN

Teuer muss nicht sein, aber kreativ! Michael Fink inspiziert Ausgesondertes, um nach Dingen zu suchen, die kaum etwas kosten.

Kartonrundscheiben

gibt es in Gold und Silber in verschiedenen Größen zum Beispiel als Untersatz für Törtchen, Torten und andere Leckerbissen, erhältlich im Verpackungshandel.

Einer der unfairsten Sätze der Welt wird der später hingerichteten französischen Königin Marie-Antoinette zugeschrieben: „Wenn sie kein Brot haben, sollen sie doch Kuchen essen.“

Noch unfairer ist nur, dass die Königin diesen Satz wohl gar nicht gesagt haben soll und trotzdem hingerichtet wurde. Hätte sie ihn gesagt, wäre er nur gut gemeint gewesen: Was gibt es Schöneres, als eine Tarte au citron oder ein anderes der berühmten französischen Patisserie-Erzeugnisse zu verspeisen, wenn es gerade am Billigtoast mangelt? Und ist es nicht herrlich, dass nach dem Verzehr solcher Köstlichkeiten ein blankgelecktes, güldenes, kreisrundes Papp-Untertellerchen übrig bleibt?

Wie der Goldglanz unsere Fantasie beflügelt! Wie von selbst entstehen Accessoires für ein Luxusleben, das uns schon aus Gerechtigkeitsgründen zusteht: Riesige Goldketten! Autos mit Goldrädern! Modelle goldener Pagoden! Goldene Tischtennisschläger! Und goldene Verdienstorden sowieso! Jetzt noch ein flackerndes Kerzenlicht aufgestellt, und das Gold trägt unsere Botschaft in alle Welt: Das steht uns zu, das haben wir uns hart erarbeitet, das lassen wir uns von Neidern nicht wegnehmen. Und das ist nur fair!

Geräusche dringen ans Ohr: Meutert da wer? Anscheinend das Bastelvolk, was treibt es an? Es hohnlache dem Grundsatz der 1 € Pädagogik, teure Törtchen zu konsumieren, um Bastelmaterial zu beschaffen? Und obendrein fördere es Diabetes?

Huldvoll wie eine französische Königin treten wir hinaus auf den gold-deckel-geschmückten Balkon: „Aber ihr lieben Leute! Wenn ihr des guten Bastelmaterials wegen keine Törtchen essen wollt, dann geht doch einfach auf Emmason oder zum Euroschopp und kauft euch diese Golddeckel ohne Torte.“

Bevor die Meute gleich mit Toastbrotkrümeln wirft, schließen wir schnell die Tür.

Text und Fotos:
Michael Fink

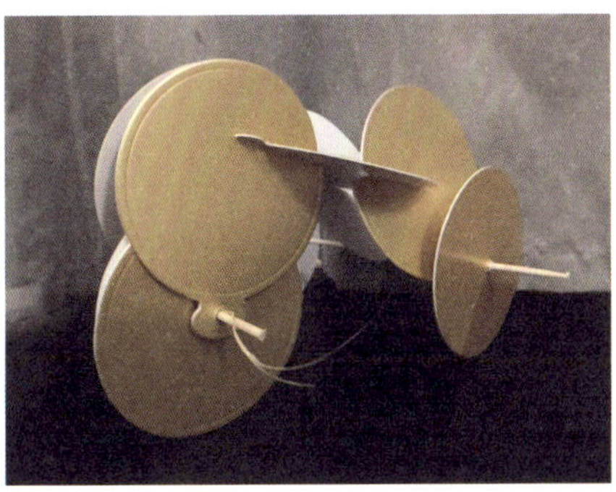

BILDERBUCHKUNST

Das Wunder der Flunder

Schon am ersten Schultag wird Moritz missverstanden. In seinem Selbstporträt fehlen die Arme, weil er sie sich hinter dem Rücken denkt – einen schönen Stein haltend. Fußball spielt er nicht, er klettert lieber auf Bäume. Im Kunstunterricht übermalt er die Blumen, weil ihn ihr Streben zum Licht interessiert. Doch Lehrkräfte reagieren mit Unverständnis und Korrektur.

Daniela Leidigs Bilderbuch erzählt sensibel von einem Kind, dessen Wahrnehmung nicht in schulische Erwartungen passt. Immer wieder zeigt sich die Spannung zwischen Anpassung und Entfaltung: Fantasie ist gefragt, aber nur innerhalb enger Grenzen. Pausen sollen frei sein, werden aber gelenkt. Eigene Lernwege sind offiziell erwünscht, scheitern jedoch oft an vorschneller Bewertung.

In Collagen aus Aquarell, Kinderzeichnungen, linierten Papieren und wechselnden Perspektiven macht Leidig diese Schieflage sichtbar. Besonders eindrücklich ist die Geschichte der Flunder im Klassen-Aquarium. Moritz fühlt sich ihr verbunden, malt sie aus dem Gedächtnis – mit beiden Augen auf einer Seite. Die Lehrerin verspottet ihn. Doch im Wunder der Geschichte wandern die Augen der Flunder genau dorthin, wo Moritz sie gesehen hat.

Gemeinsam mit Lana befreit er das Tier und bringt es zum Bach. Dort kann die Flunder endlich tanzen – so wie Moritz seine Buchstaben tanzen lässt. Am Ende gibt es keine Glasscheibe mehr, nur noch Farbe, Nähe und Raum für eigene Sichtweisen. Ab 5.

wamiki-Tipp:
Daniela Leidig (Illustration und Text)
Das Wunder der Flunder
Kunstanstifter 2025
40 Seiten, durchgängig farbig illustriert: Analoge Malerei mit digitalen Elementen,
ISBN: 978-3-948743-45-1
€ (D): 22 / € (A): 22,70 / CHF: 33,90

Schlammland

„Ich habe einen schlechten Charakter." Mit diesem Gedanken beginnt Yukis Weg. Sie fühlt sich übersehen, ungeliebt, falsch. Als ihr Bruder sie widerwillig von der Schule abholt, wirft sie den Haustürschlüssel in einen Gully – und steigt hinab in eine unterirdische Welt ihrer Gefühle.

In Beatrice Alemagnas Bilderbuch wird diese Reise zum Abstieg durch Angst, Wut und Einsamkeit. Orte wie Schlammland, Ärgerwald oder das Museum der Zornobjekte geben Yukis Emotionen Gestalt. Herrscherin dieser Welt ist „Ihre Hoheit Matsch" – furchteinflößend und zugleich fürsorglich. Sie wächst, wenn jemand gemein war, spiegelt, statt zu verurteilen.

Yuki begegnet Wesen, die Schuldgefühle machen, aber auch trösten. Sie lernt, dass ihre Gefühle Raum haben dürfen. Schritt für Schritt verwandeln sich Angst in Mut, Scham in Selbstvertrauen. Diese inneren Bewegungen spiegelt die Bildsprache: Zeichnung, Kreide und Aquarell treffen auf leuchtendes Neon-Gelb, Pink und Blau.

Als Yuki schließlich wieder auftaucht, ist sie verändert. Sie weiß nun: Sie ist nicht allein mit ihrer Wut. Und sie kennt den Weg zurück zu sich selbst – einen Weg, den sie jederzeit wieder gehen kann. Ab 5.

wamiki-Tipp:
Beatrice Alemagna
Ihre Hoheit Matsch. Prinzessin von Schlammland
Aus dem Italienischen von Marieke Markert
Rotopol 2025
56 Seiten, Hardcover, fünffarbig mit einer Sonderfarbe,
ISBN: 978-3-96451-059-4
€ (D) €: 24 / (A): 25,95 / CHF: 35,90

Mehr auf
www.bilderbuchkunst.de

Schlich ein Puma in den Tag

Am Anfang sind da nur ein paar helle Striche auf Weiß. Nichts Eindeutiges – nur ein Verdacht. Dann entsteht langsam ein Kopf, Augen blitzen auf: Raubtier. Löwe? Fast. Doch das Bild kippt, wird milchig, wird dunkel. Schwarz schiebt sich darüber, Seite um Seite, bis fast alles verschwunden ist. Fast.

Denn ein Auge bleibt. Und plötzlich ist klar: Kein Löwe. Ein Puma. „Schlich ein Puma in den Tag / regte sich / bewegte sich."

Das Staunen bleibt nicht nur im Bild: Das Gedicht wächst mit jeder Wiederholung, tastet sich vor, hält Spannung, setzt kleine Brüche. Und dann – als hätten wir selbst ein Kratzwerkzeug in der Hand – kommt das Tier zurück. Die Konturen tauchen wieder auf, Schritt für Schritt freigelegt. Später folgen weitere Wesen: Laubfrosch, Kugelfisch, Leguan, Schleiereule. Immer wieder dieses Leise: Werden, Verschwinden, Wiederauftauchen.

Wenn man das Buch zuklappt, fühlt es sich an, als würde etwas weitergehen. Als könnte gleich das nächste Tier im Papier rascheln – und als wären wir es, die es hervorlocken. Ab 5.

wamiki-Tipp:
Verena Pavoni (Ill.) / Lena Raubaum
Schlich ein Puma in den Tag
Kunstanstifter, 2025
144 Seiten, durchgehend farbig illustriert
ISBN 978-3-948743-41-3
€ 28 (D) / € 28,80 (A) / CHF 34,70

Moor Myrte und das Zaubergarn

Sid Sharp erzählt von zwei Schwestern, die in bitterer Armut leben – und doch kaum unterschiedlicher sein könnten. Beatrice ist freundlich, neugierig und erfinderisch. Magnolia dagegen mürrisch, eigennützig und grausam, nicht zuletzt zu den Spinnen, denen sie genüsslich die Beine ausreißt.

Gerade diese Spinnen ziehen sich wie ein roter Faden durch die Geschichte. Sie fangen Fliegen im zugigen Haus der Schwestern, spinnen Zauberseide und werden schließlich zu Arbeiterinnen, die sich gegen Ausbeutung wehren. Denn Beatrice erhält von der geheimnisvollen Moor Myrte – einem fabelhaften Spinnenwesen – magische Seide, aus der sie für Magnolia einen wunderbar warmen Pullover strickt. Als dieser zum Verkaufsschlager wird, will Magnolia mehr. Die Spinnen aber streiken.

Magnolia macht sich selbst auf die Suche nach neuer Zauberseide und trifft dabei auf Moor Myrte, die keinerlei Ausbeutung duldet. Alles im Wald hat seinen Platz, nichts ist entbehrlich. Als Magnolia schließlich auch noch den liebevoll gestrickten Pullover mit Füßen tritt, ist das Maß voll: Moor Myrte verwandelt sie in eine Fliege – und frisst sie.

Beatrice hingegen erschafft sich aus Spinnweben und Rattenschwänzen eine neue Schwester und lebt mit ihr weiter. Märchenhaft? Ja. Harmlos? Keineswegs. Mit grellen, grotesken Bildern und scharfem Humor hält Sid Sharp unserer Gesellschaft den Spiegel vor. Das Buch erzählt von Macht und Gier, von Ausbeutung und Widerstand – und davon, wie wichtig Umsicht, Solidarität und Mut sind.

wamiki-Tipp:
Sid Sharp
Moor Myrte und das Zaubergarn
Aus dem Englischen von Alexandra Rak
NordSüd 2025
52 Seiten, durchgehend farbig illustriert,
ISBN: 978-3-314-10725-2
€ (D: 22 / € (A): 22,70 / CHF: 28,90

Termine

WAMIKI-AUSSTELLUNGEN AUF TOUR

Spielplätze und interaktive Lernwerkstätten für alle:

16. 2.–15. 3. 2026
BORDERCROSSINGS UND 40 JAHRE PÄDIKO:
Zukunft gestalten ... in Kiel.
Mit Begleitprogramm.

Kooperation zwischen Reggio Children, Pädiko, Fachhochschule Kiel und **wamiki**. Ausstellungsorte sind die Fachhochschule Kiel und der Pop-up Pavillon Kiel.
Mehr Info: redaktion@wamiki.de

SPIELPLATZ SPRACHE
Februar/März 2026
... in Aurich,
Energie-Erlebnis-Zentrum Ostfriesland,
Osterbusch 2, 26607 Aurich.
Mehr Info: redaktion@wamiki.de

DIDACTA IN KÖLN
10. 3. – 14. 3. 2026
Mit umfangreichen Begleitprogramm.
Mehr Info: www.didacta-koeln.de

Weitere Termine auf Anfrage: redaktion@wamiki.de

PÄDAGOGIK AUFRÄUMEN:

Pädagogik lebt von Ritualen, heißt es. Erzieher, Lehrer und *innen machen alles Mögliche, weil es nun mal derzeit üblich oder sogar vorgeschrieben ist. Egal, ob es Sinn hat oder nicht. Sinnvoll ist es aber auf jeden Fall, ab und zu auszumisten. Deswegen stellt diese Rubrik pädagogische Gewohnheiten aufs Tapet und fragt ganz ergebnisoffen: Ist das pädagogische Kunst oder kann das weg?

„DEN ELTERN ZULIEBE..."

„Ich habe in der Werkstatt alle Hämmer weggeräumt, um Stress mit den Eltern zu vermeiden", erzählt die Erzieherin im Seminar. Im Garten der baumreichen Vorortkita sind Stöcke tabu, befürchten doch Eltern Rohheitsdelikte. Im Bildungsbürgerkiez weicht die Freispielzeit einem Yoga-Kurs, denn: „Die Eltern wollen das so..."

Zeugt es von kooperativer Elternarbeit, solcherart Wünsche von Müttern und Vätern umzusetzen? Nein, eher von Selbstaufgabe. Erzieherinnen wissen eigentlich ganz genau, dass Hämmer zum Werken nützlich sind und diesbezügliche Regeln beachtet werden, dass Kinder Freispiel mehr als Yoga brauchen und dass Stöcke kreatives Baumaterial sind. Verzichten Erzieherinnen darauf, sich mit ihrer Überzeugung durchzusetzen, gefährden sie erstens ihren Ruf als Profis. Zweitens schaden sie allen Beteiligten: Die Kinder müssen statt Hämmern und Spielen herabschauende Hunde markieren. Und die Eltern werden um ihr Recht gebracht, allseits gebildete und in Risiken geschulte Kinder zu haben. Sie werden darum gebracht, erklärt zu bekommen, warum es für ihre Kinder wichtig ist, solche Dinge zu tun, und wie gut man als Fachkraft Sicherheit und Bildung unter einen Hut bringen kann.

Eltern haben das Recht, dass ihnen Erzieherinnen selbstbewusst vermitteln: „Wir haben gute Gründe für unser Tun und verzichten nicht darauf. Auch Ihnen zuliebe!"

BILDERRÄTSEL

Bild: Marie Parakenings

Welchen Begriff aus der Pädagogik haben wir im übertragenen Sinn collagiert? Die Buchstaben in den hellen Kästchen ergeben den Lösungsbegriff. Unter Ausschluss des Rechtsweges verlosen wir 10 x „Die hundert Sprachen der Kinder" – Vom Wunder des Lernens, von Reggio Children.

PS: In Heft 4/2025 suchten wir den Begriff: Mittagskind.
Die Redaktion gratuliert allen Gewinnerinnen und Gewinnern.

Schickt eure Lösung per Post an:
wamiki
Was mit Kindern GmbH
Heinrich-Mann-Str. 31 / Haus 2
13156 Berlin
oder per E-Mail an:
info@wamiki.de
Stichwort: Bilderrätsel.
Einsendeschluss ist der
31. Januar 2026.

VORSCHAU

HEFT #1/2026

Thema: Räume gestalten

AB DEM 28. 1. 2026 ERHÄLTLICH

FANG AN
Lerngeschichten in der Praxis
Interviews, Beispiele, Methoden und Hintergründe

KINDERKREISE MODERIEREN – ABER WIE?
Nachdenken über Sinn und Unsinn –
Impulse, Ideen und Erfahrungen

UNSERE RECHTE, UNSERE STIMMEN
Ein Hörspiel, erfunden von Kindern – produziert von **wamiki** im Auftrag der National Coalition

WARUM WIR SCHULD SO GERN ABGEBEN
Wie Entlastung funktioniert – und was sie uns kostet

GEMEINSCHAFT UNTER DRUCK
Was Personalmangel mit Beziehungen macht – und wie Kinder ihn erleben

DUMMHEIT ALS ZWEITSPRACHE: „DAS IST HALT SO." – WIRKLICH?
Ein Satz, der alles beendet.
Und drei gute Argumente, ihn zu entkräften

SEIFENBLASENMOMENTE IM ALLTAG
Drei kleine Rituale gegen Stress – und für mehr innere Widerstandskraft

IMPRESSUM

WAS DIE WAMIKIS TUN, WENN SIE SICH UNGERECHT BEHANDELT FÜHLEN:

Erika Berthold: abhauen ʃ Eva Grüber: abschütteln ʃ Lena Grüber: angreifen ʃ Michael Fink: satirisch verarbeiten ʃ Frank Seiffarth: Rachepläne schmieden ʃ Natascha Welz: potzen (positive Version von motzen)

FRAGEN, KRITIK, IDEEN
redaktion@wamiki.de

VERLAG, REDAKTION, ABO-SERVICE, ANZEIGEN
Was mit Kindern GmbH
Heinrich-Mann-Str. 31, Haus 2 ʃ
13156 Berlin

Tel.: +49 (0)30 48 09 65-36
Mobil: +49 (0)177 414 15 17
E-Mail: redaktion@wamiki.de
E-Mail: info@wamiki.de

Internet: www.wasmitkindern.de
X: @wasmitkindern
Facebook: www.facebook.com/wasmitkindern

ANZEIGEN UND VERTRIEB
Eva und Lena Grüber ʃ
E-Mail: anzeigen@wamiki.de
Telefon: +49 (0)177 414 15 17

GESCHÄFTSFÜHRUNG
Lena Grüber, Eva Grüber ʃ HRB 161374 B

GESTALTUNG
Erik Neumann – studio luxabor

KONZEPT
anschlaege.de

DRUCK
Umweltdruck Berlin GmbH

BILDNACHWEISE
Cover: Jan von Holleben

ERSCHEINUNGSWEISE
8 x jährlich: 6 Hefte + 2 Extras ʃ
Einzelheft: 8 Euro, zzgl. Versand

ISSN-NUMMER
2363-7714